Red **Line**
Grammatik
für den Mittleren Abschluss

Herausgeber: Frank Haß

Ernst Klett Verlag
Stuttgart · Leipzig

Vorwort

Hi!

Diese Grammatik enthält den gesamten Lernstoff, den du im **Englischunterricht** für den **Abschluss in Klasse 10** beherrschen musst und der in **Red Line** behandelt wird.

Dazu gibt es eine **CD** 💿 **mit interaktiven Grammatik-Übungen**, die du hinten im Buch findest.

Du kannst die Grammatik **zum selbstständigen Lernen, zum Nachschlagen** bei **Hausaufgaben** und **zur Vorbereitung** von **Klassenarbeiten** nutzen.

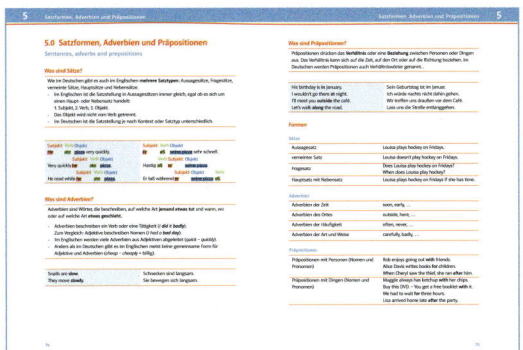

Die Grammatik ist in **8 thematische Kapitel** gegliedert (s. Inhaltsverzeichnis ab S. 4)
Zu Beginn der Kapitel 2–7 gibt es eine **Zoom-Seite**, aus der du auf einen Blick alle grammatischen Strukturen ersehen kannst.

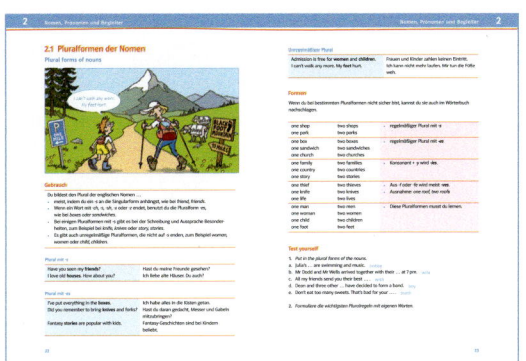

Bei den jeweiligen grammatischen Strukturen wird zunächst der **Gebrauch** und dann die **Bildung** erläutert. Viele einprägsame **Beispielsätze** und **Illustrationen** aus dem alltäglichen Leben helfen dir, die **Regeln** zu lernen und anzuwenden.

Im Anhang findest du die Lösungen zu den **Test-yourself**-Aufgaben.

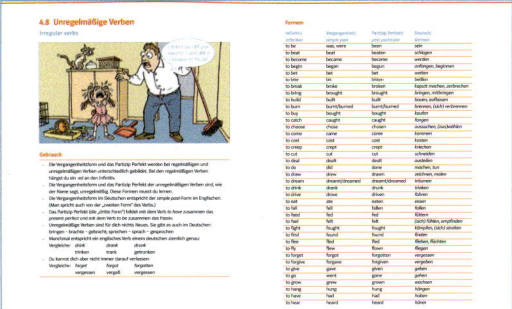

Eine Übersicht über die **unregelmäßigen Verben** findest du im Abschnitt 4.8.

Viel Erfolg beim Lernen und Üben!

Inhaltsverzeichnis

1. Englisch mit System
1. Die Wortarten ... 6
2. Die Zeitformen der Verben ... 9
3. Die Verbindung der verschiedenen Wortarten ... 11
4. Die englische Aussprache und Rechtschreibung ... 14
5. Britisches und amerikanisches Englisch ... 16

2. Über Personen und Dinge sprechen
Nomen, Pronomen und Begleiter ... 20

Die Nomen
1. Pluralformen der Nomen ... 22
2. Nomen als Sammelbegriffe ... 24
3. Der s-Genitiv und der of-Genitiv ... 26

Die Pronomen
4. Die Personalpronomen ... 28
5. Die Reflexivpronomen ... 30
6. Die Possessivpronomen ... 32
7. Weitere Pronomen ... 33

Die Begleiter
8. Der bestimmte Artikel ... 34
9. Der unbestimmte Artikel ... 35
10. Die Demonstrativbegleiter ... 36
11. Die Possessivbegleiter ... 37

3. Personen und Dinge beschreiben
Adjektive, Mengen und Zahlen ... 38

Die Adjektive
1. Adjektive ... 40
2. Vergleiche und Steigerung ... 42

Mengen und Zahlen
3. *some* und *any* ... 45
4. Weitere Mengenangaben ... 47
5. Zahlen ... 50
6. Datum und Uhrzeit ... 53

4. Aussagen über Tätigkeiten machen
Verben ... 56

Die Verben
1. Verbformen ... 58
2. Langformen und Kurzformen ... 60
3. Verben mit und ohne Objekt ... 61
4. Das Gerundium ... 63

Hilfsverben und unregelmäßige Verben
5. Das Verb *to be* ... 65
6. Das Verb *to have* ... 67
7. Das Verb *to do* ... 69
8. Unregelmäßige Verben ... 70

5. Aussagen über Tätigkeiten verändern
Satzformen, Adverbien und Präpositionen ... 74

Der Aussagesatz
1. Aussagesätze ... 76
2. Sätze mit zwei Objekten ... 78

3. Sätze mit dem Infinitiv	80
4. Sätze mit modalen Hilfsverben	82
5. Aufforderungssätze	87
6. Passivsätze	88

Frage und Verneinung
7. Fragen	90
8. Fragen und Kurzantworten	91
9. Fragen mit Fragewörtern	93
10. Bestätigungsfragen	95
11. Die Verneinung	97
12. Weitere Möglichkeiten der Verneinung	98

Sätze mit Adverbien und Präpositionen
13. Adverbien	99
14. Die Steigerung der Adverbien	101
15. Vergleiche mit Adverbien	103
16. Orts- und Zeitadverbien	104
17. Präpositionen	106
18. Das Gerundium nach Präpositionen	109

6. Aussagen über Tätigkeiten miteinander verbinden
Sätze und Satzverbindungen	111

Der Satz
1. Sätze mit Konjunktionen	113
2. Relativsätze	115
3. Bedingungssätze	117
4. Sätze mit Partizipien	119
5. Die indirekte Rede	121

7. Aussagen über Zeiten machen
Zeiten	124

Die Zeiten der Gegenwart
1. Die einfache Form der Gegenwart	126
2. Die Verlaufsform der Gegenwart	128

Die Zeiten der Vergangenheit
3. Die einfache Form der Vergangenheit	130
4. Die Verlaufsform der Vergangenheit	132
5. Das Perfekt	134
6. Die Verlaufsform des Perfekts	136
7. Die vollendete Vergangenheit	138

Die Zeiten der Zukunft
8. Das *will*-Futur	139
9. Das *going to*-Futur	141
10. Weitere Futurformen	143

Die Zeiten im Vergleich
11. Wie wähle ich die richtige Zeit?	144
12. Einfache Gegenwart oder Verlaufsform?	146
13. Perfekt oder einfache Vergangenheit?	148
14. *will*-Futur oder *going to*-Futur?	150
15. Einfache Vergangenheit oder Verlaufsform?	152
16. Einfache oder vollendete Vergangenheit?	154

8. Fehler vermeiden
	156
1. Russisch und Englisch im Vergleich	167
2. Türkisch und Englisch im Vergleich	169

Lösungen ... 171

1 Englisch mit System

1.0 Englisch mit System
The system behind English

Um eine Sprache zu lernen, ist es wichtig, ihre Gesetzmäßigkeiten und Systematik zu verstehen. In diesem Kapitel werden dir die Hauptthemen dieses Grammatikbuchs vorgestellt.

1.1 Die Wortarten
The parts of speech

Was sind Wortarten?

Die Wortarten sind die „Bausteine" der Sprache. Mit ihnen werden Sätze gebildet. Die wichtigsten Wortarten sind:

- **Nomen:** Nomen bezeichnen Gegenstände, Personen und abstrakte Dinge: *street, artist, history, …*
- Nomen können durch **Pronomen** ersetzt werden: *he, them, ours, …*
- **Adjektive:** Adjektive haben den Zweck, Nomen näher zu beschreiben: *green, sharp, boring, possible, …*
- **Verben:** Verben drücken eine Tätigkeit aus: *to laugh, to think, to happen, …*
- Weitere Wortarten sind: **Artikel**: *the, a/an*; **Präpositionen:** *behind, with, to, …*; **Konjunktionen:** *because, and, if, …*; **Mengenwörter:** *some, twelve, many, …*

Formen

Damit die Sprache richtig funktioniert, ist es wichtig, die Wortarten in der richtigen Form zu benutzen. Nomen, Adjektive und Verben können unterschiedliche Formen annehmen. Dadurch verändert sich ihre Bedeutung oder ihre Funktion.

Nomen (→ Kapitel 2)

Die Endung der Nomen zeigt an, ob das Nomen im Singular oder im Plural steht.

computer, computer**s**	Computer, Computer
class, class**es**	Klasse, Klassen
child, child**ren**	Kind, Kinder

Englisch mit System **1**

Die Singular- oder Pluralform des Nomens bestimmt die Form des Verbs und des Demonstrativbegleiters: *computer, computers – this, these – is, are*.

This computer **is** easy to use.	Dieser Computer ist leicht zu bedienen.
These computer**s** **are** easy to use	Diese Computer sind leicht zu bedienen.

Adjektive (→ Kapitel 3, 5)

Auch Adjektive können verschiedene Formen haben, erkennbar an den Endungen. Sie können erweitert werden, um Vergleiche anzustellen.

strong, strong**er**, strong**est**	stark, stärker, am stärksten
easy, eas**ier**, eas**iest**	leicht, leichter, am leichtesten

Aus Adjektiven können durch erweiterte Endungen auch **Adverbien** (→ Kapitel 5) gebildet werden. Im Deutschen sind die Formen von Adjektiv und Adverb gleich.

to be quick, to run quick**ly**	schnell sein, schnell rennen
to be careful, to walk careful**ly**	vorsichtig sein, vorsichtig gehen

Verben (→ Kapitel 4)

Die meisten Verben haben vier Formen: *play, plays, playing, played*. Aus diesen vier Verbformen werden die unterschiedlichen Zeitformen gebildet, zum Teil mit anderen Wörtern.

I can play	ich kann spielen
she plays	sie spielt
they were playing	sie haben gerade gespielt
he played	er spielte

Viele unregelmäßige Verben haben fünf Formen, nämlich dann, wenn sich die *simple-past*-Form vom *past participle* unterscheidet: *speak, speaks, speaking, spoke, spoken*.

I can speak	ich kann sprechen
she speaks	sie spricht
they were speaking	sie haben gerade gesprochen
he spoke	er sprach
we had spoken	wir hatten gesprochen

Artikel (→ Kapitel 2)

Artikel stehen vor Nomen und Adjektiven: **the** *adventure*, **the** *big adventure*, **an** *apple*, **a** *green apple*.

Präpositionen (→ Kapitel 5)

Präpositionen drücken das Verhältnis zwischen Personen und Dingen aus.

He travelled **with** a friend.	Er reiste zusammen mit einem Freund.
The path led **through** the forest.	Der Pfad führte durch den Wald.

Konjunktionen (→ Kapitel 6)

Konjunktionen leiten einzelne Sätze in Satzverbindungen ein. Sie können Hauptsätze einleiten (z. B. *and, but*) oder Nebensätze (z. B. *when, although*).

She tried hard **but** she didn't win.	Sie gab sich viel Mühe, aber sie hat nicht gewonnen.
When he left school, he didn't know what to do.	Als er die Schule verließ, wusste er nicht, was er machen sollte.

Mengenbezeichnungen (→ Kapitel 3)

Sie bezeichnen bestimmte Mengen (Zahlwörter, z. B. *three, third*) oder unbestimmte Mengen (z. B. *some, any*).

Jack owns **fifty-three** DVDs.	Jack besitzt dreiundfünfzig DVDs.
I'd like **some** lemonade, please.	Ich möchte bitte Limonade.

1.2 Die Zeitformen der Verben (→ Kapitel 4, 7)
The tenses of the verbs

Diese Tabelle zeigt dir, wie mit den Zeitformen der Verben im Englischen die Zeiten gebildet werden. Pro Zeit gibt es im Englischen anders als im Deutschen nur **eine** oder **zwei Verbformen**.

Die einfachen Formen

Vorvergangen-heit	**past perfect** I, you, he, she, we, they **had** play**ed**	ich, er, sie **hatte ge**spiel**t** du **hattest ge**spielt wir, sie **hatten ge**spielt ihr **hattet ge**spielt
Vergangenheit	**simple past** I, you, he, she, we, they play**ed**	ich, er, sie spiel**te** du spiel**test** wir, sie spiel**ten** ihr spiel**tet**
	present perfect I, you, we, they **have** play**ed** he, she **has** play**ed**	ich **habe ge**spiel**t** du **hast ge**spielt er, sie **hat ge**spielt wir, sie **haben ge**spielt ihr **habt ge**spielt
Gegenwart	**simple present** I, you, we, they play he, she play**s**	ich spiel**e** du spiel**st** er, sie, ihr spiel**t** wir, sie spiel**en**
Zukunft	**will-future** I, you, he, she, we, they **will** play	ich **werde** spielen du **wirst** spielen er, sie **wird** spielen wir, sie **werden** spielen ihr **werdet** spielen
Wunsch / ungewiss	**conditional** I, you, he, she, we, they **would** play	ich, er, sie **würde** spielen du **würdest** spielen wir, sie **würden** spielen ihr **würdet** spielen

Das *present perfect* und das *past perfect* werden mit der entsprechenden Zeitform von *to have* und dem Partizip Perfekt gebildet. Bei regelmäßigen Verben haben das Partizip Pefekt und das *simple past* dieselbe Form: *he play**ed** – he had play**ed***.

Bei unregelmäßigen Verben haben das Partizip Pefekt und das *simple past* oft unterschiedliche Formen: *she **saw** – she has **seen**; you **began** – you had **begun***. Diese Formen musst du lernen. Sie sind auf Seite 71 ff zusammengefasst.

Die Verlaufsform

Jede Zeit hat eine **einfache Form** (*simple form*) und eine **Verlaufsform** (*progressive form*). Du brauchst dir nur einige der *progressive forms* zu merken. Die *progressive forms* werden mit der entsprechenden Zeitform von **to be** plus **-ing**-Form gebildet.

Vergangenheit		**past progressive** I, you, we, they **were** play**ing** he, she **was** play**ing**	ich, er, sie spiel**te** gerade du spiel**test** gerade wir, sie spiel**ten** gerade ihr spiel**tet** gerade
		present perfect progressive I, you, we, they **have been** play**ing** he, she **has been** play**ing**	ich **habe** gerade **ge**spiel**t** du **hast** gerade **ge**spiel**t** er, sie **hat** gerade **ge**spiel**t** wir, sie **haben** gerade **ge**spiel**t** ihr **habt** gerade **ge**spiel**t**
Gegenwart		**present progressive** I **am** play**ing** you, we, they **are** play**ing** he, she **is** play**ing**	ich spiel**e** gerade du spiel**st** gerade er, sie, ihr spiel**t** gerade wir, sie spiel**en** gerade

1.3 Die Verbindung der verschiedenen Wortarten (→ Kapitel 5,6)
Linking the different parts of speech

Sarah isn't very good at skateboarding.

Um englische Sätze zu bilden, werden die Wortarten in unterschiedlichen Kombinationen zusammengesetzt.

Satztypen

Hauptsätze können allein stehen, weil sie für sich genommen vollständig sind und einen Sinn ergeben.

| Sarah isn't very good at skateboarding. | Sarah fährt nicht sehr gut Skateboard. |

Nebensätze sind allein unvollständig und müssen mit Hauptsätzen verbunden sein. Sie werden in der Regel von Konjunktionen oder Relativpronomen eingeleitet.

Nebensatz **If** Sarah had worn her helmet, Hauptsatz … she wouldn't have had an accident.	Nebensatz **Wenn** Sarah ihren Helm getragen hätte, Hauptsatz … hätte sie keinen Unfall gehabt.
Hauptsatz She has a new skateboard, Nebensatz … **which** she bought on the Internet.	Hauptsatz Sie hat ein neues Skateboard, Nebensatz … **das** sie im Internet gekauft hat.

Englisch mit System

Die Wortstellung im Aussagesatz und im verneinten Satz

Die Wortstellung im Englischen ist immer 1. Subjekt, 2. Verb, 3. Objekt (wenn vorhanden). Dies gilt anders als im Deutschen auch dann, wenn ein anderer Satzteil vor dem Subjekt steht.

Subjekt Verb Objekt	Subjekt Verb Objekt
Martin plays cards.	Martin spielt Karten.
Subjekt Verb Objekt	Verb Subjekt Objekt
After school Martin plays cards with his friends.	Nach der Schule spielt Martin Karten mit seinen Freunden.

Die Wortstellung 1. Subjekt, 2. Verb, 3. Objekt gilt im Englischen anders als im Deutschen für Hauptsätze und für Nebensätze. Sie gilt auch für verneinte Sätze mit dem Hilfsverb *to do*.

Subjekt Verb Objekt	Subjekt Objekt Verb
When Martin comes home, he plays cards with his friends.	Wenn Martin nach Hause kommt, spielt er mit seinen Freunden Karten.
Subjekt Verb Objekt	Subjekt Objekt Verb
When he doesn't play cards, he plays computer games.	Wenn er nicht Karten spielt, spielt er Computerspiele.

Die Wortstellung im Fragesatz

Fragen werden im Englischen von einem **Hilfsverb** eingeleitet. Danach bleibt die Reihenfolge 1. Subjekt, 2. Verb, 3. Objekt erhalten. Im Deutschen steht am Satzanfang entweder das Verb oder ein Hilfsverb.

Hilfsverb Subjekt Verb Objekt	Hilfsverb Subjekt Objekt Verb
Can Barbara play the guitar?	Kann Barbara Gitarre spielen?

Hilfsverb Subjekt Verb Objekt	Verb Subjekt Objekt
Is she playing the guitar now?	Spielt sie jetzt Gitarre?
Does she play in a band?	Spielt sie in einer Band?

Englisch mit System

Die Wortstellung Hilfsverb vor Subjekt gilt auch dann, wenn der Fragesatz mit einem **Fragewort** eingeleitet wird. Wenn das Fragewort selbst das Subjekt ist (*who, which*), gilt wieder die Reihenfolge 1. Subjekt, 2. Verb, 3. Objekt.

	Hilfsverb	Subjekt	Verb	Objekt		Verb	Subjekt		Objekt	
When	did	Martin	come	home today?	Wann	kam	Martin	heute	nach Hause	?
Subjekt		**Verb**	**Objekt**		**Subjekt**	**Verb**		**Objekt**		
Who		is playing	cards	now?	Wer	spielt	jetzt	Karten	now?	

1.4 Die englische Aussprache und Rechtschreibung
English pronunciation and spelling

Wenn du wissen willst, wie ein englisches Wort ausgesprochen wird, kannst du in der Wortliste deines Englischbuchs oder in einem Wörterbuch nachschauen. Dort findest du die **Lautschrift** aller Wörter.
Hier ist eine Liste der wichtigsten Lautschriftzeichen.

Die Aussprache

Selbstlaute (Vowels)

[ɑː]	car	ähnlich wie in B**ah**n
[ʌ]	n**u**mber	ähnlich wie in D**a**ch
[e]	y**e**s	ähnlich wie in n**e**tt
[ə]	**a** pen	ähnlich wie der Endlaut in bitt**e**
[ɜː]	g**ir**l	
[æ]	b**a**g	
[ɪ]	**i**t	ähnlich wie in K**i**nd
[i]	happ**y**	ähnlich wie in Gumm**i**
[iː]	s**ee**	ähnlich wie in t**ie**f
[ɒ]	**o**n	ähnlich wie in K**o**pf
[ɔː]	m**o**rning	ähnlich wie in **oh**ne
[ʊ]	p**u**t	ähnlich wie in Sch**u**tt
[uː]	y**ou**	ähnlich wie in d**u**

Mitlaute (Consonants)

[j]	**y**es	wie das deutsche ‚j' in **j**a
[l]	schoo**l**	
[ŋ]	so**ng**	
[r]	**r**uler	
[s]	**s**ee	stimmloses ‚s' wie in rei**ß**en
[z]	i**s**	stimmhaftes ‚s' wie in brau**s**en
[ʒ]	televi**si**on	wie in **J**alousie und **G**elee
[dʒ]	**j**eans	wie in **D**sch**u**ngel
[ʃ]	**sh**e	wie in Ti**sch**
[tʃ]	tea**ch**er	wie in deu**tsch**
[ð]	**th**is	stimmhafter Lispellaut
[θ]	**th**ank you	stimmloser Lispellaut
[v]	**v**ideo	wie in **W**asser
[w]	**w**hat	

Doppellaute (Diphthongs)

[aɪ]	m**y**	ähnlich wie in k**ein**
[aʊ]	n**ow**	ähnlich wie in Fr**au**
[eə]	th**ere**	
[eɪ]	s**ay**	

[ɪə]	h**ere**	
[ɔɪ]	b**oy**	ähnlich wie in H**eu**
[əʊ]	g**o**	
[ʊə]	t**ou**rist	

Das Zeichen [ː] bedeutet, dass der vorangehende Laut lang ist, z. B. you [juː].
Das Zeichen ['] bedeutet, dass die folgende Silbe betont ist, z. B. hello [həˈləʊ].

Englisch mit System

Die Rechtschreibung

Wenn du wissen willst, wie ein englisches Wort geschrieben wird, kannst du dies ebenfalls in der Wortliste deines Englischbuchs oder in einem Wörterbuch nachschauen. Das englische Alphabet ist, abgesehen von der Aussprache, identisch mit dem Deutschen.

Das englische Alphabet

a	[eɪ]	h	[eɪtʃ]	o	[əʊ]	v	[viː]
b	[biː]	i	[aɪ]	p	[piː]	w	[ˈdʌbljuː]
c	[siː]	j	[dʒeɪ]	q	[kjuː]	x	[eks]
d	[diː]	k	[keɪ]	r	[ɑː]	y	[waɪ]
e	[iː]	l	[el]	s	[es]	z	[zed]
f	[ef]	m	[em]	t	[tiː]		
g	[dʒiː]	n	[en]	u	[juː]		

Groß- und Kleinschreibung

Die Regeln der Groß- und Kleinschreibung sind im Englischen wesentlich einfacher als im Deutschen. Grundsätzlich werden mit wenigen Ausnahmen **alle Nomen klein** geschrieben – nur am Satzanfang nicht.

book, **s**un, **c**hild	Buch, Sonne, Kind
day, **a**dvantage	Tag, Vorteil

Ausnahmen sind Eigennamen von Personen, von Städten und Ländern sowie von Tagen und Monaten. Eine weitere Ausnahme sind Länderbezeichnungen und das Personalpronomen **I (=ich)**. Diese Nomen werden groß geschrieben.

Kate, **J**ohn, **P**rince **C**harles	Kate, John, Prince Charles
London, **C**ologne, **G**reat **B**ritain	London, Köln, Großbritannien
Monday, **O**ctober	Montag, Oktober
American, **G**erman	amerikanisch, deutsch

1.5 Britisches und amerikanisches Englisch
British English and American English

Obwohl in den USA auch Englisch gesprochen wird, gibt es **einige Unterschiede** zu dem Englisch, das man in Großbritannien spricht. Wir unterscheiden daher *British English* (*BE*) und *American English* (*AE*).
Unterschiede gibt es in der Grammatik, in der Aussprache, in der Rechtschreibung und im Wortschatz.

Unterschiede in der Grammatik

Die Nomen und die Begleiter

Im *BE* können bestimmte Nomen im Singular oder im Plural verwendet werden, je nachdem ob die ganze Gruppe oder einzelne Gruppenmitglieder gemeint sind.
Im *AE* steht das Verb bei Gruppen von Menschen meist im Singular.

BE: The school team **isn't** good this year. They **are playing** in Bremen today. *AE:* The school team **isn't** good this year. It **is playing** in Bremen today.	Das Schulteam ist dieses Jahr nicht gut. Sie (= die Spieler) spielen heute in Bremen.

Die Adjektive und die Adverbien

Die Regeln für die Verwendung von Adverbien sind im *BE* und im *AE* gleich. Im *AE* können aber manche Adverbien in der Umgangssprache verkürzt benutzt werden.

BE: That's a **really** cool car you're driving. *AE:* That's a **real** cool car you're driving.	Du fährst da ein ziemlich cooles Auto.

Im *BE* stehen Adverbien immer zwischen Hilfsverb und Vollverb. Im *AE* können sie auch vor dem Hilfsverb stehen.

BE: You have **probably** heard about it, haven't you? *AE:* You **probably** have heard about it, haven't you?	Du hast wahrscheinlich davon gehört, oder?

Die Verben

Im *BE* wird neben *to have* – vor allem im Präsens – auch das Verb *to have got* verwendet. Im *AE* benutzt man *to have got* eher selten.

BE: I'm afraid I can't come today. I**'ve got** too much to do. *AE:* I'm afraid I can't come today. I **have** too much to do.	Ich fürchte, ich kann heute nicht kommen. Ich hab zu viel zu tun.
BE: What **have** you **got** over there? *AE:* What **do** you **have** over there?	Was hast du da drüben?

Im *AE* kann – nur in der Umgangssprache – die Form *ain't* anstelle von *isn't* oder *aren't* verwendet werden.

BE: She **isn't** the person she seems to be. *AE:* She **ain't** the person she seems to be.	Sie ist nicht die Person, die sie zu sein scheint.

Im *BE* wird in der Gegenwart vorwiegend *must* benutzt, um eine Notwendigkeit auszudrücken. Für andere Zeiten gibt es die Ersatzform *to have to*. Im *AE* wird häufiger *to have to* auch in der Gegenwart benutzt.

BE: I'm afraid we **must** go now. *AE:* I'm afraid we **have to** go now.	Ich fürchte, wir müssen jetzt gehen.

Die Zeiten

Im *BE* weisen bestimmte Signalwörter wie *already, just, ever, never* und *not … yet* auf den Gebrauch des *present perfect* hin. Im *AE* können diese Signalwörter auch mit dem *past tense* stehen. (Diesen Gebrauch findet man jedoch auch zunehmend im *BE*.)

BE: I **haven't done** it yet. I**'ve** only just **started**. *AE:* I **didn't do** it yet. I only just **started**.	Ich hab es noch nicht gemacht. Ich habe gerade erst angefangen.
BE: **Have** you ever **tried** the lasagne? *AE:* **Did** you ever **try** the lasagne?	Hast du schon die Lasagne probiert?

Unterschiede in der Aussprache

Zwischen *BE* und *AE* gibt es einige Unterschiede in der Aussprache, z. B. bei den folgenden Vokalen.

	British English	American English
after	[ˈɑftə]	[ˈæftə]
ask	[ɑːsk]	[æsk]
to stop	[stɒp]	[stɑːp]
God	[gɒd]	[gɑːd]
new	[njuː]	[nuː]
duty	[ˈdjuːtɪ]	[ˈduːtɪ]
either	[ˈaɪðə]	[ˈiːðər]
neither	[ˈnaɪðə]	[ˈniːðər]

Im *BE* wird das "r" nicht mitgesprochen, im *AE* wird es mitgesprochen.

	British English	American English
car	[kɑː]	[kɑːr]
work	[wɜːk]	[wɜːrk]

Im *AE* wird das "t" zwischen stimmhaften Lauten ähnlich wie "d" ausgesprochen.

	British English	American English
better	[ˈbetə]	[ˈbedə]
water	[ˈwɔːtə]	[ˈwɔːdə]

Unterschiede in der Rechtschreibung

Hier ist eine Liste der wichtigsten Unterschiede in der Rechtschreibung zwischen *BE* und *AE*.

British English	American English	Deutsch
cent**re**	cent**er**	Zentrum
col**our**	col**or**	Farbe
fav**ou**rite	fav**o**rite	Lieblings-
gr**e**y	gr**a**y	grau
harb**our**	harb**or**	Hafen
neighb**our**	neighb**or**	Nachbar
neighb**our**hood	neighb**or**hood	Nachbarschaft

Unterschiede im Wortschatz

Hier ist eine Liste der wichtigsten Unterschiede im Wortschatz zwischen *BE* und *AE*.

British English	American English	Deutsch
flat	apartment	Wohnung
taxi	cab	Taxi
bill	check	Rechnung
policeman	cop (*slang*)	Polizist
lift	elevator	Aufzug
chips	French fries	Pommes frites
at school	in school	in der Schule
queue	line	Warteschlange
film	movie	Film
number plate	license plate	Nummernschild
toilet	restroom	Toilette
shop	store	Laden
floor	story	Stockwerk
rubbish	trash, garbage	Müll, Abfall
holiday	vacation	Ferien

2.0 Nomen, Pronomen und Begleiter
Nouns, pronouns and determiners

Was sind Nomen?

Nomen sind Hauptwörter. Sie bezeichnen Gegenstände (*bike* = Fahrrad), Lebewesen (*boy* = Junge) oder abstrakte Begriffe (*holidays* = Ferien).
- Nomen können wie im Deutschen im Singular oder im Plural stehen: *bike, bikes, boy, boys, holiday, holidays*.
- Im Englischen werden Nomen, anders als im Deutschen, kleingeschrieben.
- Geografische Namen, Vornamen, Nachnamen und Wochentage werden großgeschrieben: *London, Jim, Smith, Monday*.
- Im Deutschen gibt es drei grammatische Geschlechter, im Englischen nur eins.

Was sind Pronomen?

Pronomen stehen in der Regel anstelle eines Nomens oder auch einer ganzen Wortgruppe.
- Personalpronomen können das Subjekt oder das Objekt eines Satzes sein. Die Objektform der Personalpronomen hat weniger Formen als im Deutschen.
- Mit den Possessivpronomen vermeidest du die Wiederholung von Nomen und Possessivbegleitern.
- Mit den Reflexivpronomen kannst du ausdrücken, dass jemand etwas selbst oder für sich selbst tut.

Was sind Begleiter?

Nomen stehen im Deutschen und Englischen in der Regel nicht allein, sondern in Verbindung mit Begleitern oder Artikeln.
- Im Englischen gibt es wie im Deutschen zwei Arten von Artikel, den bestimmten *(the)* und den unbestimmten Artikel *(a, an)*.
- Demonstrativbegleiter weisen auf Gegenstände oder Lebewesen hin, die entweder ganz in der Nähe sind *(this, these)* oder weiter weg *(that, those)*.
- Possessivbegleiter geben wie im Deutschen an, wem ein Gegenstand oder Lebewesen gehört oder zuzuordnen ist.

Nomen, Pronomen und Begleiter

Formen

Nomen und Begleiter

the man, the woman, the house	der Mann, die Frau, das Haus
a man, a woman, a house	ein Mann, eine Frau, ein Haus
the (nur eine Form) a, an (an vor Vokalen a, e, i, o, u) this, these that, those	der, die, das, dem, des, … ein, eine, einem, … dieser da, diese da, … dieser dort, diese dort, …

Personalpronomen — Possessivpronomen — Reflexivpronomen

Subjektform	Objektform	Begleiter	Pronomen	
I	me	my	mine	myself
you	you	your	yours	yourself
he, she	him, her	his, her	his, hers	himself, herself
it	it	its	–	itself
we	us	our	ours	ourselves
you	you	your	yours	yourself
they	them	their	theirs	themselves

2 Nomen, Pronomen und Begleiter

2.1 Pluralformen der Nomen
Plural forms of nouns

Gebrauch

Du bildest den Plural der englischen Nomen …
- meist, indem du ein *-s* an die Singularform anhängst, wie bei *friend, friends*.
- Wenn ein Wort mit *-ch*, *-s*, *-sh*, *-x* oder *-z* endet, benutzt du die Pluralform *-es*, wie bei *boxes oder sandwiches*.
- Bei einigen Pluralformen mit *-s* gibt es bei der Schreibung und Aussprache Besonderheiten, zum Beispiel bei *knife, knives* oder *story, stories*.
- Es gibt auch unregelmäßige Pluralformen, die nicht auf *-s* enden, zum Beispiel *woman, women* oder *child, children*.

Plural mit *-s*

Have you seen my **friends**?	Hast du meine Freunde gesehen?
I love old **houses**. How about you?	Ich liebe alte Häuser. Du auch?

Plural mit *-es*

I've put everything in the **boxes**.	Ich habe alles in die Kisten getan.
Did you remember to bring **knives** and forks?	Hast du daran gedacht, Messer und Gabeln mitzubringen?
Fantasy **stories** are popular with kids.	Fantasy-Geschichten sind bei Kindern beliebt.

Nomen, Pronomen und Begleiter

Unregelmäßiger Plural

Admission is free for **women** and **children**. I can't walk any more. My **feet** hurt.	Frauen und Kinder zahlen keinen Eintritt. Ich kann nicht mehr laufen. Mir tun die Füße weh.

Formen

Wenn du bei bestimmten Pluralformen nicht sicher bist, kannst du sie auch im Wörterbuch nachschlagen.

one shop one park	two shops two parks	• regelmäßiger Plural mit **-s**
one box one sandwich one church	two boxes two sandwiches two churches	• regelmäßiger Plural mit **-es**
one family one country one story	two families two countries two stories	• Konsonant + -y wird **-ies**.
one thief one knife one life	two thieves two knives two lives	• Aus -f oder -fe wird meist **-ves**. • Ausnahme: *one roof, two roof***s**
one man one woman one child one foot	two men two women two children two feet	• Diese Pluralformen musst du lernen.

Test yourself

1. *Put in the plural forms of the nouns.*
a. Julia's … are swimming and music.   **hobby**
b. Mr Dodd and Mr Wells arrived together with their … at 7 pm.   **wife**
c. All my friends send you their best … .   **wish**
d. Dean and three other … have decided to form a band.   **boy**
e. Don't eat too many sweets. That's bad for your … .   **tooth**

2. *Formuliere die wichtigsten Pluralregeln mit eigenen Worten.*

2.2 Nomen als Sammelbegriffe
Collective nouns

Gebrauch

Es gibt im Englischen drei Arten von Sammelbegriffen:
- Nomen, die nur im Singular gebraucht werden, Nomen, die nur im Plural gebraucht werden und Nomen, die im Singular und im Plural verwendet werden.
- Sammelbegriffe wie *furniture*, *homework* oder *information* verwendest du im Englischen, anders als im Deutschen, nur im Singular. Auch die dazugehö-rigen Verben und Pronomen stehen im Singular.
- Sammelbegriffe wie *glasses* oder *clothes* werden im Englischen, ebenfalls anders als im Deutschen, nur im Plural verwendet. Auch die dazugehörigen Verben und Pronomen stehen im Plural.
- Menschengruppen kannst du im Singular oder im Plural verwenden, je nachdem ob die ganze Gruppe oder einzelne Gruppenmitglieder gemeint sind.

Sammelbegriffe im Singular

I'll do my **homework** after lunch.	Ich mache meine Hausaufgab**en** nach dem Mittagessen.
Where **is** the **fruit**?	Wo **sind** die **Früchte**? / Wo ist das Obst?

Nomen, Pronomen und Begleiter 2

Sammelbegriffe im Plural

The stair**s are** very steep. My headphone**s** broke two weeks after I bought **them**.	Die **Treppe ist** sehr steil. Mein **Kopfhörer** ging zwei Wochen, nachdem ich **ihn** gekauft hatte, kaputt

Sammelbegriffe im Singular und Plural

The school **team isn't** good this year. **It is** in 10th place. They are playing in Bremen today.	Das Schul**team ist** dieses Jahr nicht gut. **Es** steht auf Platz 10. Sie spielen heute in Bremen.

Im ersten Satz ist das Team als Ganzes gemeint (*the team, it*), im zweiten Satz die Spieler des Teams (*the players, they*).

Formen

furniture homework information	die Möbel die Hausaufgaben die Informationen	• Englisch: Singular ohne -s, Deutsch: Plural • Weitere Beispiele: *hair, advice, evidence*
the news (is)	die Nachrichten (sind)	• Englisch: Singular mit -s, Deutsch: Plural
headphones trousers clothes	der Kopfhörer die Hose die Kleidung	• Englisch: Plural, Deutsch: Singular • Weitere Beispiele: *glasses, jeans, shorts*
the class (is) the class (they are)	die Klasse die Schüler einer Klasse	• Englisch: Singular und Plural • Weitere Beispiele: *team, police, crowd*

Test yourself

1. *Singular or plural? Underline the correct form.*
a. I like your new jeans. (It's/They're) really cool.
b. Our class (is/are) discussing where to go on the next class trip.
c. Michelle is new here, so she needs some (advice/advices).
d. The Richmonds' new furniture (was/were) very expensive.
e. I've got some news for you – and (it isn't/they aren't) very good.

2. *Nenne die wichtigsten Arten von Sammelbegriffen in eigenen Worten.*

2.3 Der *s*-Genitiv und der *of*-Genitiv
The s-genitive and the of-genitive

Gebrauch

Du kannst den Genitiv im Englischen auf zwei Arten ausdrücken:
- Du verwendest den **s-Genitiv** vorwiegend bei Personen und Tieren. Der *s*-Genitiv drückt aus, dass etwas jemandem gehört oder zugeordnet ist.
- Du kannst den *s*-Genitiv auch für Ortsangaben benutzen, wenn das Bezugswort bereits bekannt ist: *at the baker's* (= *at the baker's shop*). Shop muss nicht extra erwähnt werden.
- Das Bezugswort des *s*-Genitivs kann entfallen, wenn es schon vorher genannt wurde.
- Mit dem **of-Genitiv** drückst du vorwiegend Zugehörigkeit zu Dingen aus.
- Du verwendest den *of*-Genitiv auch für Zeit- und Ortsangaben.

Zuordnung zu Personen

It's **Anne's** birthday today.	Heute ist Annes Geburtstag.
We stayed at my **friend's** house.	Wir übernachteten im Haus einer Freundin

Geschäfte und Gebäude

Marco is a hairdresser at **Taylor's**.	Marco arbeitet als Friseur bei Taylor's.
I was at the **doctor's** before I came here.	Ich war beim Doktor, bevor ich hierher kam.

Bezugwort entfällt

Whose car is it?	Wem gehört das Auto?
– I think, it's Mr **Brown's** (car).	– Ich glaube, Herrn Brown.

Nomen, Pronomen und Begleiter

Zuordnung zu Dingen

They're sitting at the back **of the bus**.	Sie sitzen hinten im Bus.
What was the name **of the film** again?	Was war noch mal der Name des Films?

Zeit und Ortsangaben

Why are you calling me in the middle **of the night**?	Warum rufst du mich mitten in der Nacht an?
The station is in the centre **of the town**.	Der Bahnhof ist in der Mitte des Ortes.

Formen

Du bildest den *s*-Genitiv, indem du im Singular ein Apostroph und ein **-s** an das Nomen anhängst. Bei Nomen im Plural fügst du nur ein Apostroph hinzu: *at my friend's house* (= *one friend*), *at my friends' house* (= *two or more friends*).
Der *of*-Genitiv (*of* + Bezugswort) folgt auf das Nomen, dem es zugeordnet ist.

my father's car my mother's car the children's toys	das Auto meines Vaters das Auto meiner Mutter das Spielzeug der Kinder	• *s*-Genitiv: • kein -*s* am Ende: nur Apostroph und -*s*
my parents' car the Jacksons' car	das Auto meiner Eltern das Auto der Jacksons	• -*s* am Ende: nur Apostroph
the roof of the car the car of the week the centre of town	das Dach des Autos das Auto der Woche das Ortszentrum	• *of*-Genitiv: *of* + Bezugswort

Test yourself

1. *Which is right? Underline.*
a. The farm is on (the village's edge/the edge of the village).
b. There isn't room for seven people in (Michael's car/the car of Michael).
c. Finally, Lorraine arrived at (the party's end/the end of the party).
d. Craig asked Karen for (the girl's address/the address of the girl).
e. I can't remember (that magazine's name/the name of that magazine).

2. *Sage, wann du welchen Genitiv gebrauchst.*

2.4 Die Personalpronomen
Personal pronouns

Gebrauch

Die Personalpronomen werden auch persönliche Fürwörter genannt, weil sie für Personen, für Tiere oder für Gegenstände stehen. Du kannst sie …

- in der Subjektform oder in der Objektform verwenden. In der **Subjektform** sagen sie, wer oder was etwas tut.
- Personalpronomen in der **Objektform** drücken aus, auf wen oder was sich eine Handlung bezieht.
- Nach dem Verb *to be* wird im Englischen, anders als im Deutschen, praktisch immer die Objektform verwendet.
- In Vergleichen steht nach *as* und *than* meist die Objektform des Pronomens.

Wer oder was

I can't come to the phone right now.	Ich kann jetzt nicht ans Telefon kommen.
When did **you** find out?	Wann hast du es herausgefunden?
She doesn't know anything about it.	Sie weiß nichts darüber.
Where did **they** go?	Wohin sind sie gegangen?

Wen, wem oder was

Can I help **you**?	Kann ich dir behilflich sein?
I saw **you** last night.	Ich habe dich gestern Abend gesehen.
Did you give **them** the key?	Hast du ihnen den Schlüssel gegeben?
I can't understand **them**. It's too loud.	Ich verstehe sie nicht. Es ist zu laut.

Nomen, Pronomen und Begleiter 2

Wer oder was – nach *to be*

Who is it? – It's **me**.	Wer ist da? – Ich bin's.
It can't be **him**. He looks so different.	Das soll er sein? Er sieht so anders aus.

Vergleiche

My brother is taller than **me**.	Mein Bruder ist größer als ich.
But I'm as strong as **him**.	Aber ich bin so stark wie er.

Formen

Wie im Deutschen gibt es im Englischen nur eine Subjektform der Personalpronomen. Auch bei der Objektform gibt es im Englischen nur eine Form: *me*. Im Deutschen gibt es zwei Objektformen, die Dativform „mir" und die die Akkusativform „mich".

Subjektform

I	ich	
you	du	• *I* wird im Englischen immer groß geschrieben.
he, she, it	er, sie, es	• Subjektform der Personalpronomen:
we	wir	im Deutschen und im Englischen nur eine Form
you	ihr	
they	sie	

Objektform

me	mich	mir	• Objektform der Personalpronomen:
you	dich, Sie	dir, Ihnen	im Deutschen zwei Formen,
him, her, it	ihn, sie, es	ihm, ihr, ihm	im Englischen nur eine Form
us	uns	uns	
you	euch, Sie	euch, Ihnen	
them	sie	ihnen	

Test yourself

1. *What's missing? Put in the correct pronoun.*
   "Have you seen Kathy anywhere? I want to ask … something."
   – "I think …'s in the cafeteria. What do … want to ask?"
   "She took lots of photos at Fiona's party, and I'd like to see … ."
   – "Jack and I didn't go to the party because … weren't invited. Was … good?"

2. *Sage, wann du welche Personalpronomen gebrauchst.*

2.5 Die Repflexivpronomen
Reflexive pronouns

Gebrauch

Mit den Reflexivpronomen kannst du ...
- ausdrücken, dass jemand etwas selbst oder für sich selbst tut. Die Reflexivpronomen entsprechen den deutschen Pronomen „mich" oder „mir (selbst)", „dich" oder „dir (selbst)", „sich (selbst)" usw.
- Die Reflexivpronomen werden auch benutzt, um ein Nomen oder Pronomen besonders hervorzuheben.
- Die Reflexivpronomen drücken aus, dass jeder Einzelne oder die Gruppe etwas für sich selbst tut. Wenn die Handlung auf Gegenseitigkeit beruht, verwendest du *each other* (zwei Leute) oder *one another* (mehr als zwei).
- Viele Verben sind nur im Deutschen reflexiv, im Englischen nicht. Beispiele für englische Verben ohne Reflexivpronomen sind: *to change, to hurry, to move, to remember, to sit down, to worry*.

Etwas selbst tun

I have bought **myself** a new skateboard.	Ich habe mir ein neues Skateboard gekauft.
She cut **herself** with a knife.	Sie hat sich mit einem Messer geschnitten.
Tim fixed the bike **himself**.	Tim hat das Fahrrad selbst repariert.

Nomen, Pronomen und Begleiter

each other, one another

Tim and Tina looked at **themselves** in the mirror.	Tim und Tina sahen sich im Spiegel an.
They looked at **each other**.	Sie sahen sich gegenseitig/einander an.
The friends sent **one another** text messages.	Die Freunde schickten sich/einander SMS.

Ohne Reflexivpronomen

You should apologize for being late.	Du solltest **dich** für dein Zuspätkommen entschuldigen.
I can't imagine getting up at 6 am.	Ich kann **mir** nicht vorstellen, um 6 Uhr früh aufzustehen.

Formen

Die Reflexivpronomen enden im Singular auf *-self*, im Plural auf *-selves*.

I see you see	myself yourself	•	*yourself* im Singular, *yourselves* im Plural
he sees she sees	himself herself	•	*the cat sees itself*
we see you see they see	ourselves yourselves themselves		
they see they see	each other one another	• •	*each other* bei zwei Personen *one another* bei mehr als zwei Personen

Test yourself

1. *Put in the correct reflexive pronoun.*
a. Wayne often talks to … .
b. We always do our homework … .
c. Our neighbours have bought … a new car.
d. Be careful, Sue! Don't hurt … with that hammer.
e. I never cut my hair … .

2. *Erkläre, wann du ein Reflexivpronomen verwendest und wann nicht.*

2.6 Die Possessivpronomen
Possessive pronouns

Gebrauch

Du verwendest das Possessivpronomen anstelle des Nomens …
- wenn du ausdrücken möchtest, wem etwas gehört, und wenn du das Nomen nicht wiederholen möchtest. Das Possessivpronomen steht allein ohne ein Nomen.
- Du verwendest das Possessivpronomen in Verbindung mit *of*, wenn du über eine von mehreren Personen oder über eins von mehreren Dingen sprichst.

Besitz ausdrücken – ohne Nomen

I like that bike. Is it **yours**? (= your bike) The suitcase doesn't look like **ours**. (= like our suitcase)	Mir gefällt das Rad dort. Ist es deins? Der Koffer sieht nicht wie unserer aus.

Auswahl

Steve is a friend **of mine**. (= one of my friends)	Steve ist ein Freund von mir.

Formen

Das Possessivpronomen kann ohne Nomen stehen, der Possessivbegleiter nicht.

it's mine	my book	meins, meine	
it's yours	your book	deins, deine	• *your/your*: Die Formen sind im Singular und im Plural gleich.
it's his	his book	seins, seine	
it's hers	her book	ihres, ihre	
	its book		• Zu *its* gibt es kein Possessivpronomen.
it's ours	our book	unseres, unsere	
it's yours	your book	eures, eure	
it's theirs	their book	ihres, ihre	

2.7 Weitere Pronomen
Other pronouns

Gebrauch

Es gibt noch einige wichtige Pronomen, die du kennen solltest.
- Du kannst Nomen, die sich in einem Text wiederholen, durch **one** oder **ones** ersetzen. *One* ersetzt ein Nomen im Singular, *ones* ein Nomen im Plural.
- Ein Adjektiv ohne Nomen kann im Englischen, anders als im Deutschen, nicht allein stehen. Deshalb fügst du *one* oder *ones* hinzu.
- Für das unpersönliche deutsche Pronomen „man" verwendest du im Englischen meist **you** oder **they**.

one, ones

Which T-shirt do you like best?	Welches T-Shirt magst du am liebsten?
– The blue **one**.	– Das blaue.
I think I need some new **ones**, too.	Ich glaube, ich brauche auch ein paar neue.

you, they

You never know what he is going to do next.	Man kann nie wissen, was er als Nächstes tut.
They say, the rain won't last very long.	Man sagt, der Regen wird nicht lange anhalten.

Formen

the blue one	der, die, das Blaue	• Adjektive ohne Nomen: mit *one*
which one this one these ones	welcher, welche dieser, diese, dieses diese	
they say the older you get	man sagt je älter man wird	• man = *you* oder *they*

2.8 Der bestimmte Artikel
The definite article

Gebrauch

Du benutzt den bestimmten Artikel *the*, …
- wenn von bestimmten Personen oder Dingen die Rede ist und jedem klar ist, was gemeint ist. Familiennamen stehen immer mit dem bestimmten Artikel.
- Bestimmte Artikel stehen meist, wie im Deutschen, vor Adjektiven und Nomen: *the book, the old book.*
- Bei *half* und *all* wird der bestimmte Artikel nachgestellt: *half the day* (= den halben Tag), *all the girls* (= alle Mädchen).
- Du verwendest den bestimmten Artikel **nicht**, wenn von Personen oder Dingen ganz allgemein gesprochen wird. Auch Gebäude- und Straßennamen stehen ohne Artikel.

Bestimmte Personen und Dinge

You'll get **the money** back on Monday.	Du bekommst das Geld Montag zurück.
I left my mobile in **the car**. (= our car)	Ich habe mein Handy im Auto gelassen.
Do you like **the school** you go to?	Magst du die Schule, in die du gehst?

Familiennamen

The Burtons moved a month ago. (= Mr and Mrs Burton)	Die Burtons sind vor einem Monat umgezogen.

Personen oder Dinge allgemein

Money isn't everything.	Geld ist nicht alles.
He usually goes to work **by car**.	Gewöhnlich fährt er mit dem Auto zur Arbeit.
School's out in July.	Die Schule ist im Juli vorbei.

Gebäude- und Straßennamen

Go down **Greenwell Road** and you'll see **Alnwick Castle** on the right.	Geh die Greenwell Road lang und du siehst Alnwick Castle auf der rechten Seite.

2.9 Der unbestimmte Artikel
The indefinite article

They go on vacation twice **a year**.

Gebrauch

Du benutzt den unbestimmten Artikel *a* oder *an*, …
- wenn du über nicht näher bestimme Vertreter einer Gruppe sprichst: *a student, an apple*. *A* steht vor Konsonanten, *an* vor Vokalen und wenn das *h* nicht gesprochen wird: *an hour*.
- Nach Zeit- und Maßangaben sowie bei Berufsbezeichnungen steht im Englischen, anders als im Deutschen, immer der unbestimmte Artikel.
- Unbestimmte Artikel stehen meist, wie im Deutschen, vor Adjektiven und Nomen: *a book, an old book*.
- Bei *half, what, quite* und *such* wird der unbestimmte Artikel nachgestellt: *half an hour* (= eine halbe Stunde), *what a day* (= was für ein Tag).

Nicht näher bestimmte Personen oder Dinge

I gave my book to **a** friend.	Ich habe mein Buch einem Freund gegeben.
Would you like **an** apple?	Möchtest du einen Apfel?

Zeit- und Maßangaben

They go on vacation twice **a year**.	Sie fahren zweimal im Jahr in Urlaub.
Apples cost one dollar **a pound**.	Die Äpfel kosten einen Dollar das Pfund.

Berufsbezeichnungen

She works as **a policewoman**.	Sie arbeitet als Polizistin.

2.10 Die Demonstrativbegleiter

Demonstratives

Gebrauch

Du verwendest die Demonstrativbegleiter …
- *this* und *these*, um über Dinge und Personen zu sprechen, die in deiner Nähe sind. Mit *that* und *those* sprichst du über Dinge oder Personen, die weiter weg sind.
- Die Demonstrativbegleiter stehen meist vor den Nomen. *This, that, these* und *those* können aber auch allein stehen.
- Mit den Demonstrativbegleitern kannst du auch zeitliche Entfernungen ausdrücken.
- *This* und *these* stehen für näher liegendes, *that* und *those* für entferntere Zeiten.

Hier und dort

This book is very exciting.	Dieses Buch (hier) ist sehr spannend.
That book is pretty boring.	Das Buch (dort) ist ziemlich langweilig.
This is my book. Whose is **that**?	Dies ist mein Buch. Wessen Buch ist das?

Zeitlich entfernt

We're going to Italy **this summer**.	Diesen Sommer fahren wir nach Italien.
Travelling was harder in **those days**.	Damals war das Reisen beschwerlicher.

Formen

this game that game	dieses Spiel (hier) das Spiel (dort)	• *this* und *that* = Singularformen
these games those games	diese Spiele (hier) die Spiele (dort)	• *these* und *those* = Pluralformen
here over there	hier dort, dort drüben	• Signalwort für *this, these* • Signalwort für *that, those*

2.11 Die Possessivbegleiter
Possessive determiners

Gebrauch

Du verwendest die Possessivbegleiter, um auszudrücken, . . .
- wem etwas gehört oder zu wem jemand gehört. Die Verwendung ist im Englischen ähnlich wie im Deutschen.
- Bei Kleidung oder Körperteilen wird im Englischen ein Possessivbegleiter verwendet, wo im Deutschen auch der bestimmte Artikel stehen kann.

Besitz ausdrücken – mit Nomen

I really like **your sweater**.	Ich mag deinen Pullover sehr.
Have you seen **their** new **car**?	Hast du ihr neues Auto gesehen?
Our classroom is upstairs.	Unser Klassenzimmer ist oben.

Kleidung oder Körperteile

You can put **your coat** on the hanger.	Du kannst den/deinen Mantel auf den Bügel hängen.
Be a little more careful. You hit **my head**.	Sei etwas vorsichtiger. Du hast mir an den/meinen Kopf gestoßen.

Formen

Die Possessivbegleiter *your*, *his*, *its* und *their* sind ähnlich wie *you're*, *he's*, *it's* und *they're*. Sie werden gleich oder ähnlich ausgesprochen, aber unterschiedlich geschrieben.

Die Possessivbegleiter haben keinen Apostroph.

my name	mein, meine	I'm	• *your* = dein, deine, euer, eure, ihr, *you're* = du bist, ihr seid
your name	dein, deine	you're	
his name	sein, seine	he's	• *his* = sein, seine, *he's* = er ist
her name	ihr, ihre	she's	
its name	sein, seine	it's	• *its* = sein, *it's* = es ist
our names	unser, unsere	we're	
your names	euer, eure	you're	
their names	ihr, ihre	they're	• *their* = ihr, ihre, *they're* = sie sind

3 Adjektive, Mengen und Zahlen

3.0 Adjektive, Mengen und Zahlen
Adjectives, expressions of quantity and numbers

Was sind Adjektive?

Adjektive sind Eigenschaftswörter. Sie können dir helfen, etwas anschaulich zu beschreiben.
- Adjektive beziehen sich immer auf ein Nomen oder Personalpronomen.
- Im Englischen, wie im Deutschen, können Adjektive entweder direkt vor dem Nomen stehen oder nach bestimmten Verben: *cool clothes, to look cool*.
- Im Gegensatz zum Deutschen gleichen sich Adjektive im Englischen nicht dem Nomen an, auch nicht, wenn sie vor dem Nomen stehen: *an exciting game* (= ein spannen**des** Spiel), *exciting news* (= spannen**de** Neuigkeiten).
- Es gibt im Englischen zwei Möglichkeiten, Adjektive zu steigern. Die Steigerung mit **-er** und **-est** ist so ähnlich wie im Deutschen. Daneben gibt es die Steigerung mit **more** und **most**.

Was sind Mengen und Zahlen?

Es gibt zwei Arten von Mengen, bestimmte und unbestimmte. Um eine Menge näher zu beschreiben, verwendest du Mengenwörter oder Zahlen.
- Wenn du eine unbestimmte Menge angeben willst, kannst du *some* und *any* benutzen. Im Deutschen ist eine solche Mengenangabe nicht immer nötig: *Is there any coffee?* (= Ist noch Kaffee da?)
- Du benutzt *some* in Aussagesätzen, *any* in Fragen und verneinten Sätzen.
- *Some* und *any* gibt es auch in Zusammensetzungen mit anderen Wörtern, z. B. *somebody, anybody, something, anything* und *somewhere, anywhere*.
- Für die Verwendung der Zusammensetzungen gelten die gleichen Regeln wie für *some* und *any*.
- Es gibt auch eine Reihe unbestimmter Mengenangaben ohne *some* und *any*, z. B. *lots of, a few, much, little*.

- Die Grundzahlen (*one, two, three, …*) drücken, wie im Deutschen, die Größe einer Menge aus, die Ordnungszahlen (*the first, the second, the third, …*) die Position innerhalb einer Menge.

Adjektive, Mengen und Zahlen 3

Formen

Die Steigerung der Adjektive

Ein- und zweisilbige Adjektive

long	longer	longest
big	bigger	biggest
safe	safer	safest
healthy	healthier	healthiest

Zwei- und mehrsilbige Adjektive

famous	more famous	most famous
exciting	more exciting	most exciting

Mengenwörter

some	any
somebody	anybody
someone	anyone
something	anything
somewhere	anywhere

no	each, every	much
none	everybody, everyone	many
nobody, no one	everything	a lot of, lots of
nothing	everywhere	a little
nowhere	all	a few

3.1 Adjektive
Adjectives

Gebrauch

Adjektive sind Eigenschaftswörter. Sie können dir helfen, etwas anschaulich zu beschreiben.
- Adjektive beziehen sich immer auf ein Nomen oder Personalpronomen.
- Im Englischen, wie im Deutschen, stehen Adjektive entweder direkt vor dem Nomen oder nach *to be*.
- Du benutzt Adjektive häufig auch nach Verben, die einen Zustand beschreiben, wie *to feel*, *to look*, *to sound*, *to stay*, *to taste*.
- Im Deutschen kannst du Adjektive auch als Nomen (der Große, die Grünen) verwenden. Im Englischen geht das nur dann, wenn von einer ganzen Gruppe die Rede ist. Bei Einzelpersonen musst du ein Nomen ergänzen.

Beschreibung von Eigenschaften

We heard a **brilliant** singer yesterday.	Wir haben gestern einen hervorragenden Sänger gehört.
The singer was really **brilliant**.	Der Sänger war wirklich hervorragend.
That's an **unusual** idea.	Das ist eine ungewöhnliche Idee.
Your idea is **unusual**.	Deine Idee ist ungewöhnlich.

Adjektive, Mengen und Zahlen — 3

Beschreibung eines Zustands

You don't look very **happy** today.	Du siehst heute nicht sehr glücklich aus.
This salad tastes really **nice**.	Dieser Salat schmeckt wirklich gut.
I hope it will stay **warm** all week.	Ich hoffe, es bleibt die ganze Woche warm.

Adjektive als Nomen

In the end **the good** always win over **the bad**.	Am Ende siegen immer die Guten über die Bösen.
He usually plays **the bad guy**.	Normalerweise spielt er den Bösen.

Formen

Die Form der Adjektive ist im Englischen immer gleich, im Deutschen nicht: *a funny taste* (= ein komisch**er** Geschmack), *a funny person* (= eine komisch**e** Person).

good weather a good idea it's good	gutes Wetter eine gute Idee es ist gut	• Adjektive stehen vor Nomen oder nach *to be*
to feel good to look good to sound good to smell good to taste funny	sich gut fühlen gut aussehen gut klingen gut riechen komisch schmecken	• Adjektive stehen auch nach Verben, die einen Zustand beschreiben. • Weitere Beispiele: *to get, to keep, to remain, to seem, to stay, to taste*

Test yourself

1. *Find a good adjective for each sentence.*
a. Jack never goes swimming when the weather is … .
b. Many people collect money for the … .
c. Lisa always feels … after a late night.
d. It was a very … idea to lend Tom money.
e. Some dogs stay … , even when there is a … noise.

2. *Erkläre den Gebrauch von Adjektiven mit eigenen Worten.*

3.2 Vergleiche und Steigerung
Comparison with adjectives

Gebrauch

Mithilfe von Adjektiven und deren Steigerung kannst du …
- ausdrücken, dass Personen oder Dinge gleich oder ungleich sind: *as loud as* (= so laut wie), *not as loud as* (= nicht so laut wie), *louder than* (= lauter als).
- Wenn Personen oder Dinge ungleich sind, benötigst du meist die Steigerungsformen der Adjektive.
- Du steigerst alle einsilbigen und manche zweisilbigen Adjektive mit den Endungen *-le*, *-er*, *-ow* und *-y* mit *-er* und *-est*. Diese Steigerung ist so ähnlich wie im Deutschen (klein, kleiner, am kleinsten).
- Du steigerst alle Adjektive mit mehr als zwei Silben und die zweisilbigen Adjektive, die **nicht** auf *-le*, *-er*, *-ow* und *-y* enden, mit *more* und *most*.
  Beispiele: *nervous, excited, modest*. Die Adjektive selbst bleiben bei der Steigerung unverändert.
- Die Adjektive *good* und *bad* sowie die Mengenangaben *many*, *much* und *little* werden unregelmäßig gesteigert.

Adjektive, Mengen und Zahlen 3

Gleichheit/Ungleichheit bei Personen und Dingen

The black guitar is **as loud as** the white guitar.	Die schwarze Gitarre ist so laut wie die weiße Gitarre.
The black guitar **is more expensive than** the white guitar.	Die schwarze Gitarre ist teurer als die weiße Gitarre.
The white guitar is not **as expensive as** the black guitar.	Die weiße Gitarre ist nicht so teuer wie die schwarze Gitarre.

Steigerung mit *-er* und *-est*

Today I was **faster** than you were. – That's right, but yesterday I was **the fastest**.	Heute war ich schneller als du. – Stimmt, aber gestern war ich am schnellsten.

Steigerung von zweisilbigen Adjektiven auf *-le, -er, -ow* und *-y*

Your brother tells the **funniest** jokes! – Maybe. But I'm **cleverer** than he is! This road must be the **narrowest** in town. – Yes, it's **simpler** to walk along it than to drive a car.	Dein Bruder erzählt die lustigsten Witze! – Das mag sein. Aber ich bin schlauer als er! Diese Straße ist bestimmt die schmalste der Stadt. – Ja es ist hier einfacher zu Fuß zu gehen, als mit dem Auto zu fahren.

Steigerung mit *more* und *most*

Tomorrow I'm going to meet the **most famous** footballer in town! That T-shirt is **more expensive** than the others. It's the **most expensive** T-shirt in the shop.	Morgen werde ich den berühmtesten Fußballer der Stadt treffen! Das T-Shirt dort ist teurer als die anderen. Es ist das teuerste T-Shirt im Geschäft.

Unregelmäßige Steigerung

Today is a **bad** day, but yesterday was even **worse**. It's the **worst** week of my life. There aren't **many** people around. – No. **More** tourists come here in the summer.	Heute ist ein schlechter Tag, aber gestern war noch schlechter. Es ist die schlimmste Woche meines Lebens. Es gibt nicht viele Leute hier. – Nein. Im Sommer kommen mehr Touristen.

3 Adjektive, Mengen und Zahlen

Formen

Bei Vergleichen ohne Steigerung bleibt die Form der Adjektive unverändert: *as strong as*, *not as strong as*.
In Vergleichen mit Steigerung verwendest du immer *than*, nicht *then*: *bigger than*, *more famous than*.

strong short nice	stronger shorter nicer	strongest shortest nicest	• Steigerung mit *-er* und *-est* • Das stumme *-e* am Ende fällt weg.
big hot	bigger hotter	biggest hottest	• Endkonsonanten werden verdoppelt.
busy funny	busier funnier	busiest funniest	• *-y* wird zu *-ier* und *-iest*.
careful important	more careful more important	most careful most important	• Steigerung mit *more* und *most*
good bad many much little	better worse more more less	best worst most most least	• unregelmäßige Steigerung Diese Formen musst du lernen.

Test yourself

1. *Complete the sentences with the right form of the adjective.*
   a. Fantasy movies are … than comedies.
   b. The hero of my favourite movie is the … person in the world.
   c. The comedy on TV yesterday was … than I expected.
   d. It was about parents who were … than mine.
   e. But the grandma told the … jokes of all.

   good | strong | stupid | interesting | exciting

2. *Erkläre, wie du im Englischen Personen oder Dinge vergleichen kannst.*

3.3 *some* und *any*
Some and any

Gebrauch

Some und *any* sind Mengenwörter.
- Du benutzt sie, wenn du über nicht zählbare Mengen (*some chocolate*) oder über eine unbestimmte Anzahl von Dingen sprichst (*some brownies*).
- Im Deutschen benötigst du diese Mengenwörter, anders als im Englischen, nicht.
- In Fragen und verneinten Sätzen verwendest du in der Regel *any*, nicht *some*.
- Wenn du die Antwort „ja" erwartest, kannst du *some* auch in Fragen verwenden.
- *Some* und *any* gibt es auch in Zusammensetzungen mit anderen Wörtern (*somebody*, *anybody*, *somewhere*, *anywhere* usw.).
- Für die Verwendung der Zusammensetzungen gelten die gleichen Regeln wie für *some* und *any*. Auch in Zusammensetzungen kannst du *some* in Fragen verwenden, wenn du „ja" als Antwort erwartest.

some

I brought **some** orange juice and you brought **some** buiscuits.	Ich hab Orangensaft mitgebracht und du hast Kekse mitgebracht.
There should be **some** more cake in the fridge.	Es müsste noch mehr Kuchen im Kühlschrank sein.

any in Fragen und verneinten Sätzen

Did you see **any** comics? – Sorry, I didn't find **any**.	Hast du (irgendwelche) Comics gesehen? – Leider nicht. Ich habe keine gefunden.

3 Adjektive, Mengen und Zahlen

some in Fragen

| Could I have **some** more potatoes, please? | Könnte ich noch mehr Kartoffeln bekommen? |
| – Would you like **some** more salad, too? | – Möchtest du auch noch mehr Salat? |

Zusammensetzungen mit *some* und *any*

Did you see **anybody** you know?	Hast du jemand gesehen, den du kennst?
– No, I didn't see **anybody**.	– Nein, ich habe niemanden gesehen.
That's hard to believe. You must have seen **somebody**.	Das ist schwer zu glauben. Du musst doch jemanden gesehen haben.
Have you seen my glasses **anywhere**?	Hast du meine Brille irgendwo gesehen? Ich
I left them here **somewhere**.	hab sie irgendwo hier liegenlassen.

Zusammensetzungen mit *some* in Fragen

| Would you like **something** to drink? | Möchtest du etwas zu trinken? |
| – Yes, please, I'd like some mineral water. | – Ja, bitte. Ich hätte gern Mineralwasser. |

Formen

some (bread)	etwas (Brot)	• *some* in Aussagesätzen
any (bread)	etwas (Brot)	• *any* in Fragen und verneinten Sätzen
somebody, someone	jemand	• Die Regel gilt auch für *some* und *any* in Zusammensetzungen.
anybody, anyone	jemand	
something	etwas	
anything	etwas	
somewhere	irgendwo	
anywhere	irgendwo	

Test yourself

1. *Some* or *any*?
   a. Do you know …thing about that new band?
   b. Not much. There's … information on their website.
   c. The leader is …body from Texas.
   d. They aren't planning … tours in our region.
   e. That's a pity. We never get … good concerts round here.

2. *Erkläre die Regeln für den Gebrauch von* some *und* any *mit eigenen Worten.*

3.4 Weitere Mengenangaben
Other expressions of quantity

Gebrauch

Es gibt eine Reihe weiterer Mengenwörter, die eine unbestimmte Menge oder eine unbestimmte Anzahl von Dingen ausdrücken: **much, many, a lot of, a little, a few.**

- Du benutzt *much* zur Beschreibung einer großen Menge. *Much* steht in Verbindung mit dem Singular.
- Du benutzt *many* zur Beschreibung einer großen Anzahl. *Many* steht in Verbindung mit dem Plural.
- *Much* und *many* werden in Aussagesätzen, Fragen und Verneinung verwendet.
- Zur Beschreibung einer großen Menge oder Anzahl kannst du auch *a lot of* oder *lots of* verwenden. Die Bedeutung ist die gleiche wie bei *much* und *many*.
- Du benutzt *a little* zur Beschreibung kleiner Mengen. *A little* steht in Verbindung mit dem Singular.
- Du benutzt *a few* zur Beschreibung einer kleinen Anzahl. *A few* steht in Verbindung mit dem Plural.
- *A little* und *a few* können nur in Aussagesätzen und in Fragen verwendet werden, nicht in der Verneinung.

3 Adjektive, Mengen und Zahlen

Es gibt auch Mengenwörter, die eine Gruppe als Ganzes oder deren Abwesenheit bezeichnen: **each, every, no** und die Zusammensetzungen mit *every* und *no*.
- Du verwendest *no* (= kein, keine), um die Abwesenheit einer Menge zu beschreiben.
- Auf *no* folgt immer ein Nomen.
- Du kannst *no* im Singular oder im Plural verwenden.
- Wenn du die Wiederholung eines Nomens vermeiden willst, benutzt du *none*.
- *No* und *none* können nur in Aussagesätzen verwendet werden.

- Mit *each* oder *every* (= jeder, jede) beschreibst du eine Gruppe als Ganzes.
- Auf *every* folgt immer ein Nomen.
- Du verwendest *every* aber nur im Singular. Im Plural benutzt du *all*.
- Die Bedeutung und die Verwendung von *each* und *every* ist gleich.
- Anders als *every* kann *each* auch allein stehen.

- *No* und *every* gibt es auch in Zusammensetzungen mit anderen Wörtern wie *no one, nobody, nowhere* oder *everyone, everybody, everything*.
- Die Bedeutung von *no one* und *nobody* ist gleich.
- Wie *no* und *none* können auch die Zusammensetzungen mit *no* nur in Aussagesätzen verwendet werden.
- Auch die Bedeutung von *everyone* und *everybody* ist gleich.
- Mit *each* gibt es keine Zusammensetzungen.

much, many, a lot of

I haven't seen so **much** rain for years.	Ich habe seit Jahren nicht so viel Regen gesehen.
How **much** did you pay for your car?	Wie viel hast du für dein Auto gezahlt?
Many people think driving is easy.	Viele Leute glauben Auto fahren ist leicht.
Many don't go to work by car.	Viele fahren nicht mit dem Auto zur Arbeit.

There isn't **much** violence in the book.	Es gibt nicht viel Gewalt in dem Buch.
There isn't **a lot of** violence in the book.	Es gibt nicht viel Gewalt in dem Buch.
Many kids come here after school every day.	Viele Kinder kommen täglich nach der Schule hierher.
Lots of / A lot of kids come here after school.	Viele Kinder kommen nach der Schule hierher.

a little, a few

Could you give me two eggs and **a little** flour, please?	Könntest du mir bitte zwei Eier und ein wenig Mehl geben?
There are just **a few** things I forgot to mention earlier.	Es gibt noch ein paar Dinge, die ich vorher vergessen habe zu erwähnen.

Adjektive, Mengen und Zahlen 3

no, each, every, all

There are **no** tickets left for the concert.	Es gibt keine Karten mehr für das Konzert.
Each car has a three year warranty.	Jedes Auto hat drei Jahre Garantie.
Every car has a three year warranty.	
All cars have a three year warranty.	Alle Autos haben drei Jahre Garantie.
How much are the tickets?	Wie teuer sind die Tickets?
– They are 20 pounds **each**.	– Sie kosten 20 Pfund pro Stück.

Zusammensetzungen mit *no* und *every*

Nobody seems to notice my work.	Niemand scheint meine Arbeit zu bemerken.
No one seems to notice my work.	
– Well, there's **nothing** you can do.	– Naja, da kannst du nichts machen.

Everybody seems to be talking about it.	Jeder scheint darüber zu reden.
Everyone seems to be talking about it.	
Have you looked **everywhere**?	Hast du überall geschaut?

Formen

much	viel	• *much* + Singular (*much luck*)
many	viele	• *many* + Plural (*many people*)
a lot of, lots of	viele	
a little	wenig	• *a little* + Singular (*a little coffee*)
a few	wenige	• *a few* + Plural (*a few mistakes*)
no	kein, keine	• *no* = im Singular und Plural (*no car, no cars*)
none	keiner, keine	
nobody, no one	niemand	
nothing	nichts	
nowhere	nirgends, nirgendwo	
each, every	jeder, jede	• *each, every* + Singular (*each time, every time*)
everybody, everyone	jeder, jede	
everything	alles	
everywhere	überall	
all	alle	• *all* + Plural (*all runners*)

Test yourself

Sage, welche Mengenangaben du kennst und wie sie verwendet werden.

3.5 Zahlen
Numbers

Gebrauch

Wie im Deutschen gibt es im Englischen zwei Arten von Zahlen:
- die **Grundzahlen** (*one, two, three, …*) und
- die **Ordnungszahlen** (*the first, the second, the third, …*).
- Beide Arten von Zahlen werden in der Regel bis zwölf ausgeschrieben und ab 13 als Ziffer geschrieben.
- Die Grundzahlen im Englischen drücken wie im Deutschen die Größe einer Menge aus. Du verwendest sie zum Beispiel, um das Alter, das Datum, die Uhrzeit oder Maßeinheiten zu beschreiben.
- Die Ordnungszahlen im Englischen beschreiben ebenfalls wie im Deutschen die Position einer Person oder Sache in einer geordneten Menge.

Die Grundzahlen

I'm **16**, my sisters are **six** and **eight** years old. The Empire State Building is **1,454** feet high. It has got **102** floors, **6,500** windows, **73** elevators and **1,860** stairs from street level to the observation deck. Over **2.5** million tourists visit the Empire State building every year.	Ich bin 16, meine Schwestern sind sechs und acht Jahre alt. Das Empire State Building ist 381 Meter hoch. Es hat 102 Etagen, 6500 Fenster, 73 Aufzüge und 1860 Stufen vom Erdgeschoss bis zur Aussichtsterrasse. Mehr als 2,5 Million Touristen besuchen das Empire State Building jedes Jahr.

Adjektive, Mengen und Zahlen   3

Die Ordnungszahlen

The observation deck is on the **102**nd floor. Take the **first** street on the right, then the **second** street on the left. On my **18**th birthday I'm going to have a big party.	Die Aussichtsterasse ist auf der 102. Etage. Nehmen Sie die erste Straße rechts, dann die zweite Straße links. An meinem 18. Geburtstag mache ich eine große Party.

Formen

twenty-one twenty-first	einundzwanzig der, die, das einundzwanzigste	• ab 21: Bindestrich zwischen Zehner- und Einerstelle
sixty-four sixty-fourth	vierundsechzig der, die, das vierundsechzigste	
a/one hundred a/one hundred and eleven	hundert	• ab 100: *a* oder *one* vor Zahlen, die mit einer 1 beginnen
a/one thousand	tausend	• *a thousand euros* = tausend Euro (im Deutschen Singular)
a/one million two million	eine Million zwei Millionen	
the hundredth the one hundredth a hundred and one the hundred and first the hundred and eleventh the one hundred and eleventh a hundred and seventy-six the hundred and seventy-sixth	der, die, das hundertste hunderteins der, die, das hunderterste der, die, das hundertelfte hundertsechsundsiebzig der, die, das hundertsechsundsiebzigste	• Ordnungszahlen: mit oder ohne *one* • ab 101: *and* vor Zehner- und Einerstelle
1,000 1,000,000	1000 oder 1.000 1.000.000	• Ziffern ab 1000: Komma nach der Tausenderstelle

3 Adjektive, Mengen und Zahlen

Grundzahlen		Ordnungszahlen		
1 one	eins	1st the first	der, die, das erste
2 two	zwei	2nd the second	der, die, das zweite
3 three	drei	3rd the third	der, die, das dritte
4 four	vier	4th the fourth	der, die, das vierte
5 five	fünf	5th the fifth	der, die, das fünfte
6 six	sechs	6th the sixth	der, die, das sechste
7 seven	sieben	7th the seventh	der, die, das siebte
8 eight	acht	8th the eighth	der, die, das achte
9 nine	neun	9th the ninth	der, die, das neunte
10 ten	zehn	10th the tenth	der, die, das zehnte
11 eleven	elf	11th the eleventh	der, die das elfte
12 twelve	zwölf	12th the twelfth	der, die, das zwölfte
13 thirteen	dreizehn	13th the thirteenth	der, die, das dreizehnte
14 fourteen	vierzehn	14th the fourteenth	der, die, das vierzehnte
15 fifteen	fünfzehn	15th the fifteenth	der, die, das fünfzehnte
16 sixteen	sechzehn	16th the sixteenth	der, die, das sechzehnte
17 seventeen	siebzehn	17th the seventeenth	der, die, das siebzehnte
18 eighteen	achtzehn	18th the eighteenth	der, die, das achtzehnte
19 nineteen	neunzehn	19th the nineteenth	der, die, das neunzehnte
20 twenty	zwanzig	20th the twentieth	der, die, das zwanzigste
21 twenty-one	einundzwanzig	21st the twenty-first	der, die, das einundzwanzigste
22 twenty-two	zweiundzwanzig	22nd the twenty-second	der, die, das zweiundzwanzigste
30 thirty	dreißig	30th the thirtieth	der, die, das dreißigste
40 forty	vierzig	40th the fortieth	der, die, das vierzigste
50 fifty	fünfzig	50th the fiftieth	der, die, das fünfzigste
60 sixty	sechzig	60th the sixtieth	der, die, das sechzigste
70 seventy	siebzig	70th the seventieth	der, die, das siebzigste
80 eighty	achtzig	80th the eightieth	der, die, das achtzigste
90 ninety	neunzig	90th the ninetieth	der, die, das neunzigste
100 a/one hundred	(ein)hundert	100th the (one) hundredth	der, die, das hundertste
1,000 a/one thousand	(ein)tausend	1,000th the (one) thousandth	der, die, das tausendste
1,000,000 a/one million	eine Million	1,000,000th the (one) millionth	der, die, das millionste

3.6 Datum und Uhrzeit
Date and time

Gebrauch

Im Englischen gibt es verschiedene Möglichkeiten, das **Datum** zu schreiben.
- Sehr gebräuchlich und leicht zu merken ist die auch im Deutschen verwendete Variante 15th December 2010.
- Möglich ist auch die umgekehrte Variante December 15th 2010 oder – vor allem im amerikanischen Englisch – December 15, 2010.
- Auch die Abkürzungen des Datums unterscheiden sich: britisches Englisch: 15/12/2010, amerikanisches Englisch = 12/15/2010.
- Im Englischen sind die Schreibung und die Aussprache des Datums unterschiedlich.
- Bei der Aussprache eines Datums fügst du *the* und *of* hinzu.
- Schreibung: *21st May*, Aussprache: *the twenty-first of May*.

Die **Uhrzeit** wird im Englischen ähnlich angegeben wie im Deutschen.
- Du benutzt das Wort *past* (= nach) für die ersten 30 Minuten der vollen Stunde und das Wort *to* (= vor) für die zweite halbe Stunde.
- Anders als im Deutschen drückst du die halbe Stunde mit *half past* aus: 8.30 Uhr = *half past eight*, im Deutschen „halb neun").
- Der Zusatz *o'clock* wird nur bei vollen Stunden verwendet: *It's five o'clock*.
- Um Zeiten genauer auszudrücken, gibst du wie im Deutschen die Minuten (*minutes*) mit an. Dies gilt aber nicht für Minutenangaben, die durch 5 teilbar sind: 5, 10, 15, … . Bei diesen wird das Wort *minutes* meist weggelassen.
- Du kannst die Uhrzeit auch ohne *to*, ohne *past* und ohne *minutes* angeben, wie im Deutschen auch. Dies ist zum Beispiel bei Fahrplänen üblich.
- Um genauer zu erklären, ob eine Uhrzeit am Vormittag oder am Nachmittag gemeint ist, gibt es im Englisch die Zusätze *am* (= vormittags) oder *pm* (= nachmittags).

3 Adjektive, Mengen und Zahlen

Das Datum

When were you born? – On **24th March 1994**. You should receive our letter by **7th May**.	Wann bist du geboren? – Am 24. März 1994. Sie sollten unseren Brief bis siebten Mai bekommen.

Die Uhrzeit

o'clock, past und to

It's **eleven o'clock** now. Let's meet again at **half past twelve** and then have lunch at a **quarter to one**. Do you have the exact time? – Yes, it's **eight minutes past three**. Oh really? On my watch it's only **five past three**.	Es ist jetzt elf Uhr. Wir treffen uns wieder um halb eins und essen um Viertel vor eins zu Mittag. Haben Sie die genaue Uhrzeit? – Ja, es ist acht Minuten nach drei. Wirklich? Auf meiner Uhr ist es erst fünf nach drei.

Ohne past und to

Do you have the exact time? – Yes, it's **three-oh-eight** (3:08). Oh really? On my watch it's already **three eleven** (3:11). The train leaves at **three forty-seven** (3:47).	Haben Sie die genaue Uhrzeit? – Ja, es ist drei Uhr acht. Wirklich? Auf meiner Uhr ist es schon drei Uhr elf. Der Zug fährt um drei Uhr siebenundvierzig.

am und pm

The first show is at **11 am**, the last show at **9 pm**.	Die erste Vorstellung ist um 11 Uhr vormittags, die letzte Vorstellung um 9 Uhr abends.

Adjektive, Mengen und Zahlen 3

Formen

28th May 2010 May 28th 2010 28/5/10	28. Mai 2010 28.5.10	• Britisches Englisch
May 28, 2010 5/28/10	28. Mai 2010 28.5.10	• Amerikanisches Englisch
two o'clock seven o'clock	2:00 Uhr 7:00 Uhr	• *o'clock* nur bei vollen Stunden
7 am 7 pm	7:00 Uhr vormittags 7:00 Uhr nach- mittags/19:00 Uhr	• Deutsch: 0–24 Uhr, Englisch: 1–12 *am*, 1–12 *pm*
(a) quarter past seven half past seven (a) quarter to eight eight minutes past seven eight minutes to eight ten past seven ten to eight	Viertel nach sieben halb acht Viertel vor acht acht Minuten nach sieben acht Minuten vor acht zehn nach sieben zehn vor acht	• half past … = vergangene Stunde, „halb …" = kommende Stunde • bei Fünferzahlen keine Minuten

Test yourself

1. *What time is it? Read the sentences aloud.*
a. It's 4:15, time for Kelly and Don to meet at the café. (It's quarter …)
b. Now it's 4:22, and Don hasn't arrived yet.
c. At 4:30 Kelly phones him.
d. "Sorry, Kelly," he says. "My phone says 4:09."
e. Kelly is angry. "If you're not here by 4:50, I'm going home!" she says.

2. *Formuliere die wichtigsten Regeln für Datum und Uhrzeit mit eigenen Worten.*

4.0 Verben
Verbs

Was sind Verben?

Verben sind Wörter, die eine bestimmte **Tätigkeit** ausdrücken (*to help* = helfen).
- In jedem vollständigen Satz gibt es zumindest ein Verb.
- Die Form der Verben ist abhängig von der Person oder der Sache, die etwas tut.
- Man unterscheidet zwischen Vollverben, die für sich allein stehen können (*to discuss, to jump*) und Hilfsverben (*should, can*), die zusammen mit Vollverben verwendet werden.
- Wie im Deutschen gibt es im Englischen regelmäßige Verben und unregelmäßige Verben.
- Die Form, in der ein Verb im Wörterbuch steht, ist die Grundform = der Infinitiv.

Gebrauch

Subjekt und Verb

The girls **go** to school by bus, but Kevin **goes** by bike.	Die Mädchen fahren mit dem Bus zur Schule, aber Kevin fährt mit dem Rad.
Gemma **has got** two brothers and I**'ve got** one.	Gemma hat zwei Brüder und ich habe einen.

Vollverben und Hilfsverben

Some people **live** on boats.	Einige Menschen leben auf Booten.
We **should eat** more vegetables.	Wir sollten mehr Gemüse essen.

Regelmäßige und unregelmäßige Verben

We often **talk** on the phone.	Wir telefonieren oft.
I **talked** to her yesterday.	Ich habe gestern mit ihr gesprochen.
Have you **talked** about it?	Habt ihr darüber gesprochen?
Let me **speak** to him.	Lass mich mit ihm sprechen.
Last time I **spoke** to her she was sick.	Das letzte Mal, als ich mit ihr sprach, war sie krank.
We haven't **spoken** since.	Wir haben seither nicht mehr geredet.

Formen

Subjekt	Verb	Subjekt	Verb
He	speaks.	The kids	speak.
Tommy	likes.	I	like.
Gold	was found.	The documents	were found.
The train	has left.	The visitors	have left.

Vollverben	Hilfsverben		
to help	can	I **can** help	
to walk	must	you **must** walk	
to like	to do	he **doesn't** like	
to see	to have	we **have** seen	
to wait	to be	they **are** waiting	

regelmäßige Verben	unregelmäßige Verben
I help**ed**	I **saw**
you walk**ed**	you **left**
he lik**ed**	she **knew**
we lik**ed**	we **had**
they wait**ed**	they **went**

4.1 Verbformen
Forms of verbs

Gebrauch

Verben sind Tätigkeitswörter, die in der Regel eine bestimmte **Tätigkeit** ausdrücken.
Sie können aber auch ein **Geschehen** oder einen **Zustand** beschreiben.
Jedes Verb hat
- eine Grundform, den Infinitiv (*to talk, to go*).
- Formen, mit denen du verschiedene Zeiten bilden kannst:
    - die *ing*-Form (*talking, going*),
    - die Vergangenheitsform (*talked, went*),
    - das Partizip Perfekt (*talked, gone*).

- Die Vergangenheitsform und das Partizip Perfekt werden bei regelmäßigen und unregelmäßigen Verben unterschiedlich gebildet.
- Bei den regelmäßigen Verben hängst du *-ed* an den Infinitiv.
- Die Vergangenheitsform und das Partizip Perfekt der unregelmäßigen Verben sind, wie der Name sagt, unregelmäßig. Diese Formen musst du lernen.
- Die *ing*-Form wird bei regelmäßigen und unregelmäßigen Formen gleich gebildet.

- Vollverben können allein oder in Verbindung mit Hilfsverben stehen.
- Hilfsverben können nicht allein stehen.
- Einige Verben können sowohl Vollverb als auch Hilfsverb sein.

Regelmäßige Verben

I **walked** to the gym last week.	Ich bin letzte Woche zu Fuß ins Fitness-Studio gegangen.
I **had** just **walked** out the door when it **started** to rain.	Ich war gerade aus der Tür gegangen, als es anfing zu regnen.

Unregelmäßige Verben

I **read** the essay yesterday.	Ich habe den Aufsatz gestern gelesen.
I had already **read** the essay.	Ich hatte den Aufsatz schon gelesen.

Zeitformen mit der *-ing*-Form

I'm **walking** past it right now.	Ich laufe gerade daran vorbei.
I'm **meeting** Jess next week.	Ich treffe mich nächste Woche mit Jess.

Vollverben und Hilfsverben

I **read** the essay last night.	Ich habe den Aufsatz gestern Abend gelesen.
Jason **does** his homework with his friends.	Jason macht mit seinen Freunden Hausaufgaben.
I **couldn't read** the essay last night.	Ich konnte den Aufsatz gestern Abend nicht lesen.
They **don't know** the right answer.	Sie wissen die richtige Antwort nicht.

Formen

to start	starting	
to hurry	hurrying	
to phone	phoning	• Infinitiv mit *-e*: das *-e* entfällt
to stop	stopping	• Verdoppelung bei betontem
to plan	planning	Vokal + Endkonsonant
to lie	lying	• Diese Ausnahmen musst du lernen.
to die	dying	

to start	started	
to hurry	hurried	• Konsonant + *-y* wird *-ied*
to worry	worried	Vokal + *-y* = regelmäßig: *played*
to stop	stopped	• Verdoppelung bei betontem
to plan	planned	Vokal + Endkonsonant

4 Verben

4.2 Langformen und Kurzformen
Long forms and short forms

Gebrauch

Bei manchen Verben gibt es Kurzformen und Langformen.
- Vollverben wie *to run*, *to go* oder *to analyse* verwendest du immer in der Langform.
- Hilfsverben wie *to be*, *to have*, *will* oder *would* kannst du in der Kurzform und in der Langform verwenden.
- Die Langform der Hilfsverben verwendest du in der Regel in Fragen (vor allem in Entscheidungsfragen) und in bejahten Kurzantworten.
- In Aussagesätzen und Verneinungen verwendest du meist die Kurzform (*I don't, I can't*).
- Die Langform benutzt du primär im schriftlichen Englisch oder in förmlichen Situationen.

Langformen der Hilfsverben in Entscheidungsfragen und in Kurzantworten

Have you seen Sarah?	Hast du Sarah gesehen?
– Yes, I **have**. (*Aber*: No, I **haven't**.)	– Ja. / Nein.
Will you come with me to the exhibition?	Kommt ihr mit mir in die Ausstellung?
– Yes, I **will**. (*Aber*: No, I **won't**.)	– Ja. / Nein.

Langformen und Kurzformen der Hilfsverben in Aussagesätzen

He**'s** / He **is** a funny guy. I**'ve** / I **have** never met anyone like him.	Er ist ein witziger Typ. Ich habe noch nie jemanden wie ihn getroffen.
I don't know who**'s** / who **is** coming to the party.	Ich weiß nicht, wer zur Party kommt.
I**'d** / I **would** like to ask a question.	Ich möchte eine Frage stellen.

Formen

I am	I'm	
you / we / they are	you're, we're, they're	• *you're* = du bist, ihr seid, *your* = dein, euer • *they're* = sie sind, *their* = ihr
he / she / it is	he's, she's, it's	• *he's* = er ist oder er hat, *his* = sein, seine
I / you / we / they have	I've, you've, we've, they've	
he / she / it has	he's, she's, it's	• *he's* = er ist oder er hat, *his* = sein, seine
I / you / we will	I'll, you'll, we'll	
he / she / it will	he'll, she'll, it'll	
I / he would	I'd, he'd	

4.3 Verben mit und ohne Objekt
Verbs with and without an object

Gebrauch

Du kannst die meisten englischen Verben mit oder ohne Objekt verwenden, ohne dass sich dabei die Bedeutung der Verben ändert.
- Bei einigen englischen Verben ändert sich die Bedeutung, je nachdem ob sie mit oder ohne Objekt verwendet werden.
- Wie im Deutschen gibt es auch im Englischen Verben, die nur mit oder nur ohne Objekt verwendet werden.

- Eine Reihe von englischen Verben wie *to give* oder *to buy* haben zwei Objekte, ein Sachobjekt und ein Personenobjekt.
- Die Satzstellung bei zwei Objekten ist in der Regel Personenobjekt vor Sachobjekt.
- Wenn du das Personenobjekt besonders betonen willst, kannst du es in Verbindung mit der Präposition *to* oder *for* an das Satzende stellen.
- Bei einigen Verben wie *to explain*, *to introduce*, *to tell*, *to say* verwendest du das Personenobjekt immer mit *to*.

Verben mit und ohne Objekt – ohne Bedeutungsänderung

Let's go out after school and **play**.	Lass uns nach der Schule rausgehen und spielen.
Let's go out after school and **play football**.	Lass uns nach der Schule rausgehen und Fußball spielen.

4 Verben

Verben mit und ohne Objekt – mit Bedeutungsänderung

My dad **started his own company** when he was 20 years old.	Mein Vater gründete seine eigene Firma, als er 20 Jahre alt war.
I suggest we wait another five minutes and then we'll **start**.	Ich schlage vor, wir warten noch fünf Minuten und dann fangen wir an.

Verben, die nur mit bzw. ohne Objekt verwendet werden

Could you **set the table**, please?	Könntest du bitte den Tisch decken?
Where would you like to **sit**?	Wo möchtest du gerne sitzen?

Verben mit zwei Objekten

Last week my friend gave **my sister** a poster.	Letzte Woche gab meine Freundin meiner Schwester ein Poster.
Today my friend wants to buy **my sister** another poster.	Heute möchte meine Freundin meiner Schwester noch ein Poster kaufen.
Last week my friend gave a poster **to my sister**.	Letzte Woche brachte meine Freundin ein Poster für meine Schwester.
Today my friend wants to buy another poster **for my sister**.	Heute möchte meine Freundin noch ein Poster für meine Schwester kaufen.

Verben mit zwei Objekten – Personenobjekt immer mit *to*

I'll try to **explain** it **to you** one more time.	Ich werde versuchen, es euch noch einmal zu erklären.

Formen

to read to order	to read a book to order a meal	• Verben mit oder ohne Objekt + gleiche Bedeutung
to leave to run	to leave a tip to run a business	• Verben mit oder ohne Objekt + verschiedene Bedeutung
to sleep to rise		• Verben ohne Objekt
to bring to promise to tell	to bring me something to promise me something to tell me something	• Verben mit zwei Objekten

Test yourself

Welche Arten von Verb-Objekt-Beziehung gibt es im Englischen? Fasse noch einmal zusammen.

4.4 Das Gerundium
The gerund

Being polite is always a good idea.

Gebrauch

Du benutzt das Gerundium, wenn du **Verben als Nomen** gebrauchen willst.
- Das Gerundium kann **Subjekt oder Objekt** eines Satzes sein.
- Ist das Gerundium Subjekt des Satzes, steht es am Satzanfang. Dann wird es wie ein Nomen gebraucht. Das gibt es auch im Deutschen: Aus „schwimmen" wird „das Schwimmen".
- Das Gerundium steht häufig nach Verben, die **Vorlieben** (z. B. *to love, to like, to enjoy*) oder **Abneigungen** (z. B. *not like, to hate, can't stand*) ausdrücken. Dann wird es zum Objekt des Satzes. Im Deutschen wird das Gerundium eher umschrieben.
- Du verwendest das Gerundium auch nach Verben wie *to stop* oder *to remember* oder nach Ausdrücken wie *it's nice, it's no good* oder *what about*.

Das Gerundium als Subjekt

Swimming and **cooking** are my favourite activities.	Schwimmen und Kochen sind meine Lieblingsbeschäftigungen.
Dating is a hot topic at middle school.	Dating ist ein heißes Thema an der Mittelschule.
Being polite is always a good idea.	Höflich sein ist immer eine gute Idee.

4 Verben

Das Gerundium als Objekt

She likes **watching** movies, but she hates **going** out alone.	Sie sieht sich gern Filme an, aber sie geht sehr ungern allein aus.
They love **eating** Chinese food.	Sie lieben es, chinesisch zu essen.
I can't stand **waiting** in a line.	Ich hasse es, Schlange zu stehen.

Sonstiger Gebrauch

I remember **having** picnics by the lake.	Ich erinnere mich, Picknicks am See gemacht zu haben.
It's no use **talking** to him again.	Es ist zwecklos, noch mal mit ihm zu reden.
What about **getting** together tomorrow?	Wie wär's, wenn wir uns morgen treffen?

Formen

Das Gerundium wird aus einem Verb und der Endung *-ing* gebildet. Daher wird diese Form auch *-ing*-Form genannt.

Running is … Saving is … Shopping is …	Laufen ist … Sparen ist … Einkaufen ist …	• Das Gerundium als Subjekt wird meist wörtlich übersetzt.
I love running. I hate saving. I can't stand shopping. I've stopped smoking. What about dancing?	Ich laufe gern. Ich hasse es zu sparen. Ich kann Einkaufen nicht ausstehen. Ich habe aufgehört zu rauchen. Wie wär's mit Tanzen?	• Das Gerundium als Objekt wird meist umschrieben.

Test yourself

Bilde jeweils einen eigenen Satz mit den verschiedenen Verwendungen des Gerundiums.

4.5 Das Verb *to be*
The verb to be

Gebrauch

Du kannst das Verb *to be* als Vollverb oder als Hilfsverb verwenden.
- Als Vollverb steht *to be* immer in Verbindung mit einem Nomen, einem Adjektiv oder einer Orts- oder Zeitangabe.
- Als Hilfsverb verwendest du *to be* zur Bildung der Verlaufsformen und des Passivs.
- Du kannst *to be* in der Langform und in der Kurzform verwenden.
- Du verwendest *there is* oder *there are*, wenn du darauf hinweisen möchtest, dass Personen oder Dinge existieren. Es entspricht dem deutschen „es gibt", „es ist" oder „es sind …".
- *There is* und *there are* geben nicht den Ort an, an dem sich die Person oder die Sache befindet. Du musst immer noch hinzufügen, wo diese sind.
- Statt *there is* kannst du auch die Kurzform *there's* verwenden. Von *there are* gibt es keine Kurzform.

to be als Vollverb

I don't know you. **Are** you new in town?	Ich kenne Sie nicht. Sind Sie neu in der Stadt?
It's good to see you. Where have you **been**?	Schön, dich zu sehen. Wo bist du gewesen?
Two days ago I **was** in India.	Vor zwei Tagen war ich in Indien.

to be als Hilfsverb zur Bildung der Verlaufsform

Sorry, I **wasn't** paying attention.	Entschuldigung, ich hatte nicht zugehört.
What **were** you doing when Lenny phoned?	Was machtest du gerade, als Lenny anrief?

to be als Hilfsverb zur Bildung des Passivs

These windows haven't **been** cleaned for ages. The movie you recommended is great. Where **was** it filmed?	Diese Fenster sind seit langem nicht geputzt worden. Der Film, den du empfohlen hast, ist klasse. Wo wurde er gedreht?

there is, there are

There's an old castle there. **There are** two girls **here** and three boys **there**.	Dort gibt es ein altes Schloss. Hier sind zwei Mädchen und dort drüben zwei Jungen.

Formen

Simple present

Aussage (Langform / Kurzform)		Verneinung	Frage
I am, I'm	ich bin	I'm not	Am I too early?
you are, you're	du bist, Sie sind	you aren't	Are you OK?
he is, he's	er ist	he / she / it isn't	Is he / she / it ready?
she is, she's	sie ist		
it is, it's	es ist		
we are, we're	wir sind	we aren't	Are we late?
you are, you're	ihr seid, Sie sind	you aren't	Are you American?
they are, they're	sie sind	they aren't	Are they expensive?

Simple past

I was	ich war	I wasn't	Was I too early?
you were	du warst, Sie waren	you weren't	Were you angry?
he / she / it was	er / sie / es war	he / she / it wasn't	Was he /she / it OK?
we were	wir waren	we weren't	Were we late?
you were	ihr wart, Sie waren	you weren't	Were you pleased?
they were	sie waren	they weren't	Were they helpful?

Present perfect

I have / 've been	ich bin / du bist / er ist / sie ist / es ist / wir sind / ihr seid / sie sind gewesen	I haven't been	Have I / you / we / they been …?
you have / 've been		you haven't been	
he / she / it has / 's been		he / she / it hasn't been	Has he /she / it been …?
we have / 've been		we haven't been	
you have / 've been		you haven't been	
they have / 've been		they haven't been	

4.6 Das Verb *to have*

The verb to have

Gebrauch

Das Verb *to have* kannst du wie das Verb *to be* als Vollverb oder als Hilfsverb verwenden.
- Als Vollverb drückt *to have* aus, dass jemand etwas hat oder besitzt.
- Es gibt auch feste Verbindungen aus dem Vollverb *to have* und einem Nomen, die eine Tätigkeit beschreiben (*to have breakfast* = frühstücken).
- In Frage und Verneinung verwendest du *to have* wie die anderen Vollverben in Verbindung mit *to do*.
- Als Hilfsverb verwendest du *to have* zur Bildung der Perfektzeiten *present perfect* und *past perfect*.
- Frage und Verneinung werden anders als bei der Verwendung als Vollverb ohne *to do* gebildet.
- Im britischen Englisch wird anstelle von *to have* oft *to have got* verwendet.
- Frage und Verneinung mit *have got* werden ohne *to do* gebildet.
- *To have got* wird nur im Präsens und nur als Vollverb verwendet.
- Du kannst *to have* und *to have got* in der Langform und in der Kurzform verwenden.

to have als Vollverb

My mother **has** three sisters.	Meine Mutter hat drei Schwestern.
Do you **have** any sisters? – No, I don't.	Hast du Schwestern? – Nein.
We **haven't had** a summer like this in years.	Wir haben seit Jahren keinen solchen Sommer gehabt.
Did you **have** a shower before you came here? – No, sorry, I **didn't have** time.	Hast du geduscht, bevor du hierhergekommen bist? – Nein, tut mir leid. Ich hatte keine Zeit.

4 Verben

to have als Hilfsverb

Sorry I **haven't** called. I **have** been busy.	Tut mir leid, dass ich nicht angerufen habe. Ich war beschäftigt.
Have you seen her lately? – No, I **haven't**.	Hast du sie in letzter Zeit gesehen? – Nein.

to have got

My mother **has got** three sisters.	Meine Mutter hat drei Schwestern.
Have you **got** any sisters? – No, I **haven't**.	Hast du Schwestern? – Nein.

Langformen und Kurzformen

I've never seen anything like this. (= I have)	Ich habe nie etwas Vergleichbares gesehen.
He's left his mobile on the table. (= He has)	Er hat sein Handy auf dem Tisch liegen lassen.

Formen

Die Formen *he's* und *she's* sowie *he'd* und *she'd* haben eine doppelte Bedeutung. Die Übersetzung kommt auf den Kontext an.

I have you have he / she / it has we have you have they have	I have you have he, she, it has we have you have they have	• *he's, she's, it's* = *he / she / it has* oder *he / she / it is*
I have got you have got he / she / it has got we have got you have got they have got	I've got you've got he's got, she's got, it's got we've got you've got they've got	
I had left I would leave	I'd left I'd leave	• *I'd* = *I had* oder *I would* (Ich war aufgebrochen / ich würde aufbrechen)

Test yourself

Wann benutzt du to have als Vollverb und wann als Hilfsverb?
Was musst du bei Frage und Verneinung beachten?

4.7 Das Verb *to do*
The verb to do

Gebrauch

Das Verb *to do* kannst du wie die Verben *to be* und *to have* als Vollverb oder als Hilfsverb verwenden.
- Als Vollverb beschreibt *to do* eine Tätigkeit.
- Als Hilfsverb wird *to do* bei der Bildung von Fragen und Verneinungen und in Kurzantworten verwendet.
- Du verwendest *to do* als Hilfsverb, wenn kein anderes Hilfsverb vorhanden ist, nämlich beim *simple present* und beim *simple past*.
- In Fragen und Verneinungen verwendest du das Vollverb *to do* in Verbindung mit dem Hilfsverb *to do*.

to do als Vollverb

I'm **doing** my best to get better marks.	Ich tue mein Bestes, um bessere Noten zu bekommen.

to do als Hilfsverb bei Fragen und Verneinungen

Why **did** Kelly stay at home yesterday? – Because she **doesn't** like crowds.	Warum ist Kelly gestern zu Hause geblieben? – Weil sie keine Menschenmassen mag.

to do als Hilfsverb bei Kurzantworten

Does Simon play the drums? – Yes, he **does**.	Spielt Simon Schlagzeug? – Ja.

to do als Vollverb und als Hilfsverb

What **did** you **do** last night? – I **didn't do** anything special.	Was hast du gestern Abend gemacht? – Ich habe nichts Besonderes gemacht.

Formen

I do it	I don't / didn't do it	• *to do* = Hilfsverb + Vollverb
you do it	you don't / didn't do it	
he / she / it does it	he / she / it doesn't / didn't do it	
we do it	we don't / didn't do	
you do it	you don't / didn't do it	
they do it	they don't / didn't do it	

4.8 Unregelmäßige Verben
Irregular verbs

Gebrauch

- Die Vergangenheitsform und das Partizip Perfekt werden bei regelmäßigen und unregelmäßigen Verben unterschiedlich gebildet. Bei den regelmäßigen Verben hängst du ein *-ed* an den Infinitiv.
- Die Vergangenheitsform und das Partizip Perfekt der unregelmäßigen Verben sind, wie der Name sagt, unregelmäßig. Diese Formen musst du lernen.
- Die Vergangenheitsform im Deutschen entspricht der *simple-past*-Form im Englischen. (Man spricht auch von der „zweiten Form" des Verbs.)
- Das Partizip Perfekt (die „dritte Form") bildet mit dem Verb *to have* zusammen das *present perfect* und mit dem Verb *to be* zusammen das Passiv.
- Unregelmäßige Verben sind für dich nichts Neues. Sie gibt es auch im Deutschen: bringen – brachte – gebracht; sprechen – sprach – gesprochen
- Manchmal entspricht ein englisches Verb einem deutschen ziemlich genau:
  Vergleiche: *drink   drank   drunk*
                 trinken   trank   getrunken
- Du kannst dich aber nicht immer darauf verlassen:
  Vergleiche: *forget   forgot   forgotten*
                 vergessen vergaß vergessen

Formen

Infinitiv/ *infinitive*	Vergangenheit/ *simple past*	Partizip Perfekt/ *past participle*	Deutsch/ *German*
to be	was, were	been	*sein*
to beat	beat	beaten	*schlagen*
to become	became	become	*werden*
to begin	began	begun	*anfangen, beginnen*
to bet	bet	bet	*wetten*
to bite	bit	bitten	*beißen*
to break	broke	broken	*kaputt machen, zerbrechen*
to bring	brought	brought	*bringen, mitbringen*
to build	built	built	*bauen, aufbauen*
to burn	burnt/burned	burnt/burned	*brennen, (sich) verbrennen*
to buy	bought	bought	*kaufen*
to catch	caught	caught	*fangen*
to choose	chose	chosen	*aussuchen, (aus)wählen*
to come	came	come	*kommen*
to cost	cost	cost	*kosten*
to creep	crept	crept	*kriechen*
to cut	cut	cut	*schneiden*
to deal	dealt	dealt	*austeilen*
to do	did	done	*machen, tun*
to draw	drew	drawn	*zeichnen, malen*
to dream	dreamt/dreamed	dreamt/dreamed	*träumen*
to drink	drank	drunk	*trinken*
to drive	drove	driven	*fahren*
to eat	ate	eaten	*essen*
to fall	fell	fallen	*fallen*
to feed	fed	fed	*füttern*
to feel	felt	felt	*(sich) fühlen, empfinden*
to fight	fought	fought	*kämpfen, (sich) streiten*
to find	found	found	*finden*
to flee	fled	fled	*fliehen, flüchten*
to fly	flew	flown	*fliegen*
to forget	forgot	forgotten	*vergessen*
to forgive	forgave	forgiven	*vergeben*
to give	gave	given	*geben*
to go	went	gone	*gehen*
to grow	grew	grown	*wachsen*
to hang	hung	hung	*hängen*
to have	had	had	*haben*
to hear	heard	heard	*hören*

4 Verben

Infinitiv/ infinitive	Vergangenheit/ simple past	Partizip Perfekt/ past participle	Deutsch/ German
to hide	hid	hidden	(sich) verstecken
to hit	hit	hit	schlagen, treffen, stoßen
to hold	held	held	halten
to hurt	hurt	hurt	verletzen, weh tun
to keep	kept	kept	aufbewahren, behalten
to know	knew	known	wissen, kennen
to lead	led	led	führen
to leap	leapt/leaped	leapt/leaped	springen
to learn	learnt/learned	learnt/learned	lernen
to leave	left	left	abfahren, verlassen, lassen
to lie	lay	lain	liegen
to lose	lost	lost	verlieren
to make	made	made	machen
to mean	meant	meant	bedeuten, meinen
to meet	met	met	(sich) treffen
to pay	paid	paid	zahlen, bezahlen
to put	put	put	legen, setzen, stellen, tun
to quit	quit	quit	aufhören, aufgeben
to read	read	read	lesen
to ride	rode	ridden	reiten, fahren
to ring	rang	rung	läuten, klingeln
to rise	rose	risen	steigen, wachsen
to run	ran	run	rennen, laufen
to say	said	said	sagen
to see	saw	seen	sehen
to sell	sold	sold	verkaufen
to send	sent	sent	schicken, senden
to set up	set up	set up	gründen, aufbauen
to shake	shook	shaken	zittern, beben, schütteln
to shine	shone	shone	scheinen
to shoot	shot	shot	schießen, (Film) drehen
to show	showed	shown	zeigen
to sing	sang	sung	singen
to sit	sat	sat	sitzen
to sleep	slept	slept	schlafen
to slide	slid	slid	rutschen
to smell	smellt/smeled	smellt/smeled	riechen
to speak	spoke	spoken	sprechen
to spell	spellt/spelled	spellt/speled	buchstabieren
to spend	spent	spent	verbringen, ausgeben

Verben 4

Infinitiv/ infinitive	Vergangenheit/ simple past	Partizip Perfekt/ past participle	Deutsch/ German
to split	split	split	trennen
to spread	spread	spread	(sich) ausbreiten
to stand	stood	stood	stehen
to steal	stole	stolen	stehlen
to stick	stuck	stuck	kleben
to sting	stung	stung	stechen
to stink	stank	stunk	stinken
to swear	swore	sworn	fluchen, schwören
to swim	swam	swum	schwimmen
to take	took	taken	nehmen, bringen, dauern
to teach	taught	taught	unterrichten, lehren
to tell	told	told	sagen, erzählen
to think	thought	thought	denken, glauben
to throw	threw	thrown	werfen
to understand	understood	understood	verstehen
to wake up	woke up	woken up	aufwachen
to wear	wore	worn	tragen
to win	won	won	gewinnen
to write	wrote	written	schreiben

Test yourself

1. *Which is the correct form of the simple past?*
a. Ronnie (sended / send / sent) text message to his friends.
b. On his way home he (bought / buyed / baught) a sandwich.
c. He (payed / paught / paid) 89p for it.
d. At home he (drinked / drank / drunk) a large glass of water because he (is / was / were) thirsty.
e. Then he (decide / decided / decode) to check his e-mails.

2. *Put in the correct form of the verb.*
a. Somebody ... a box outside the door. (to leave – present perfect)
b. It ... there yesterday. (not to be – simple past)
c. Maybe you ... a prize. (to win – present perfect)
d. You ... part in that painting competition last April, remember? (to take – simple past)
e. I ... your picture was really great. (to think – simple present)

5 Satzformen, Adverbien und Präpositionen

5.0 Satzformen, Adverbien und Präpositionen
Sentences, adverbs and prepositions

Was sind Sätze?

Wie im Deutschen gibt es auch im Englischen **mehrere Satztypen:** Aussagesätze, Fragesätze, verneinte Sätze, Hauptsätze und Nebensätze.
- Im Englischen ist die Satzstellung in Aussagesätzen immer gleich, egal ob es sich um einen Haupt- oder Nebensatz handelt:
  1. Subjekt, 2. Verb, 3. Objekt.
- Das Objekt wird nicht vom Verb getrennt.
- Im Deutschen ist die Satzstellung je nach Kontext oder Satztyp unterschiedlich.

Subjekt Verb Objekt He ate pizza very quickly.	Subjekt Verb Objekt Er aß seine pizza sehr schnell.	
Subjekt Verb Objekt Very quickly he ate pizza.	Verb Subjekt Objekt Hastig aß er seine pizza.	
Subjekt Verb Objekt He read while he ate pizza.	Subjekt Objekt Verb Er laß während er seine pizza aß.	

Was sind Adverbien?

Adverbien sind Wörter, die beschreiben, auf welche Art **jemand etwas tut** und wann, wo oder auf welche Art **etwas geschieht.**

- Adverbien beschreiben ein Verb oder eine Tätigkeit (*I did it* **badly**).
  Zum Vergleich: Adjektive beschreiben Nomen (*I had a* **bad day**).
- Im Englischen werden viele Adverbien aus Adjektiven abgeleitet (*quick – quickly*).
- Anders als im Deutschen gibt es im Englischen meist keine gemeinsame Form für Adjektive und Adverbien (*cheap – cheaply* = billig).

Snails are **slow**. They move **slowly**.	Schnecken sind langsam. Sie bewegen sich langsam.

Satzformen, Adverbien und Präpositionen 5

Was sind Präpositionen?

Präpositionen drücken das **Verhältnis** oder eine **Beziehung** zwischen Personen oder Dingen aus. Das Verhältnis kann sich auf die Zeit, auf den Ort oder auf die Richtung beziehen. Im Deutschen werden Präpositionen auch Verhältniswörter genannt. .

His birthday is **in** January.	Sein Geburtstag ist im Januar.
I wouldn't go there **at** night.	Ich würde nachts nicht dahin gehen.
I'll meet you **outside** the café.	Wir treffen uns draußen vor dem Café.
Let's walk **along** the road.	Lass uns die Straße entlanggehen.

Formen

Sätze

Aussagesatz	Louisa plays hockey on Fridays.
verneinter Satz	Louisa doesn't play hockey on Fridays.
Fragesatz	Does Louisa play hockey on Fridays? When does Louisa play hockey?
Hauptsatz mit Nebensatz	Louisa plays hockey on Fridays if she has time.

Adverbien

Adverbien der Zeit	soon, early, …
Adverbien des Ortes	outside, here, …
Adverbien der Häufigkeit	often, never, …
Adverbien der Art und Weise	carefully, badly, …

Präpositionen

Präpositionen mit Personen (Nomen und Pronomen)	Rob enjoys going out **with** friends. Alice Davis writes books **for** children. When Cheryl saw the thief, she ran **after** him.
Präpositionen mit Dingen (Nomen und Pronomen)	Maggie always has ketchup **with** her chips. Buy this DVD. – You get a free booklet **with** it. We had to wait **for** three hours. Lisa arrived home late **after** the party.

5 Satzformen, Adverbien und Präpositionen

5.1 Aussagesätze
Positive statements

Gebrauch

- Die Satzstellung im englischen Aussagesatz ist immer 1. **S**ubjekt, 2. **V**erb, 3. **O**bjekt („**S**traßen**v**erkehrs**o**rdnung"). Das Subjekt muss immer vor dem Verb stehen, das Objekt nach dem Verb.
- Orts- und Zeitangaben stehen normalerweise am Satzende.
- Du kannst die Zeitangabe jedoch auch an den Satzanfang stellen, um sie zu betonen.
- Wenn du in einem Satz gleichzeitig Orts- und Zeitangaben benutzt, gilt die Regel „Ort vor Zeit". Im Deutschen ist die Reihenfolge oft umgekehrt.
- Häufigkeitsadverbien, wie *always*, *never*, *often*, *sometimes*, stehen immer vor dem Verb.
- Wenn das Verb eine Form von *to be* ist, steht das Häufigkeitsadverb hinter dem Verb.
- Bei einem mehrteiligen Verb (zum Beispiel *has* + Partizip) steht das Häufigkeitsadverb nach dem ersten Verbteil.

Subjekt, Verb, Objekt

Subjekt	Verb	Objekt			Subjekt	Verb		Objekt
I rarely	drink	alcohol.			Ich	trinke	selten	Alkohol.
Subjekt		**Verb**		**Objekt**	**Subjekt**	**Verb**		**Objekt**
My friend	has been	drinking	alcohol at parties.		Mein Freund	trinkt	auf Partys	Alkohol.

Satzformen, Adverbien und Präpositionen — 5

Ort vor Zeit

	Ort	Zeit		Zeit	Ort
He takes the bus	**to work**	**every morning**.	Er fährt	**jeden Morgen**	mit dem Bus **zur Arbeit**.
	Ort	Zeit		Zeit	Ort
We will arrive	**at the airport**	**early**.	Wir werden	**früh**	**am Flughafen** ankommen.

Betonung der Zeit

Zeit	Ort	Zeit	Ort
In June you can buy T-shirts **at the fair**.		**Im Juni** kann man T-Shirts **auf dem Jahrmarkt** kaufen.	

Häufigkeit

	Adverb			**Adverb**	
I	**often**	take a sandwich to work.	Ich nehme	**oft**	ein Sandwich mit zur Arbeit.
You are	**never**	on time.	Du bist	**nie**	pünktlich.
She has	**always**	been afraid of spiders.	Sie hatte	**immer**	Angst vor Spinnen.
You can	**sometimes**	see bears here.	Man kann hier	**manchmal**	Bären sehen.

Test yourself

1. *Make sentences by putting the words in the right order.*
   a. visits – in Florida – Caroline – often – her friends
   b. on the beach – they – most of their time – in summer – spend
   c. to Miami – forget – never – Caroline – her first trip – will
   d. visit – in Orlando – every year – Disneyland – many tourists
   e. had – but Caroline – time – never – to go there – has

2. *Formuliere die wichtigsten Regeln für Aussagesätze mit eigenen Worten.*

5.2 Sätze mit zwei Objekten
Sentences with two objects

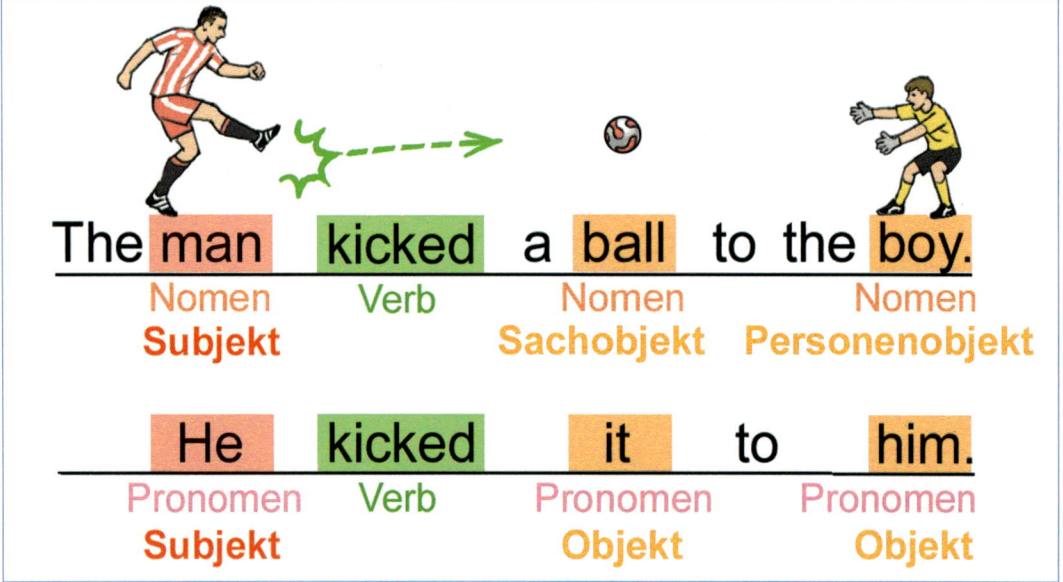

Gebrauch

Ähnlich wie im Deutschen gibt es im Englischen eine Reihe von Verben, die mit zwei Objekten verwendet werden: *to give, to offer, to show, to write, …*

- In diesen Fällen gibt es ein direktes Objekt, das eine Sache beschreibt, und ein indirektes Objekt, das sich auf eine Person bezieht.
- Die Satzstellung der Objekte im normalen Aussagesatz ist Personenobjekt vor Sachobjekt.
- Du kannst die Reihenfolge der Objekte aber auch umdrehen, wenn du ein *to* vor dem Personenobjekt ergänzt.
- Egal welche Reihenfolge du wählst, der Inhalt der beiden Sätze bleibt gleich.
- Wenn das Sachobjekt ein Pronomen (*it, them*) ist, steht es meistens vor dem Personenobjekt.
- Bei einigen Verben (u.a. *to explain, to say, to describe, to introduce*) wird das Personenobjekt immer mit *to* angeschlossen.

Person vor Sache

Astronauts can send **their families messages**.	Astronauten können ihren Familien Nachrichten senden.
They show **them their pictures** from space.	Sie zeigen ihnen ihre Bilder aus dem All.
Scientists give **the astronauts advice**.	Wissenschaftler geben den Astronauten Ratschläge.

Satzformen, Adverbien und Präpositionen

Sache vor Person

Astronauts can send messages **to** their families.	Astronauten können Nachrichten an ihre Familien senden.
They show their pictures from space **to** them.	Sie zeigen ihnen ihre Bilder aus dem All.
Scientists give advice **to** the astronauts.	Wissenschaftler geben den Astronauten Ratschläge.

Sachobjekt ist Pronomen

Where's my camera?	Wo ist meine Kamera?
– I lent **it** to Mike.	– Ich habe sie Mike geliehen.

Personenobjekt immer mit *to*

The man kicked a ball **to** the boy.	Der Mann kickte einen Ball zu dem Jungen.
Then Amy introduced Roberto **to** her parents.	Dann stellte Amy Roberto ihren Eltern vor.
He described his home town **to** them.	Er beschrieb ihnen seine Heimatstadt.

Test yourself

1. *Put the objects into the sentences. In some cases there are two possibilities.*
a. Mrs Wilson offered … .   (a trip to Disneyland – her son Jack)
b. She promised … .   (a great vacation – him)
c. During his trip Jack sent … .   –   (photos – all his friends)
d. When he returned home, he described … .   (his adventures – them)
e. But he didn't show … .   (his Mickey Mouse souvenirs – anybody)

2. *Formuliere in eigenen Worten, wie Verben mit zwei Objekten verwendet werden.*

5.3 Sätze mit dem Infinitiv
Sentences with the infinitive

Gebrauch

Du verwendest Sätze mit dem Infinitiv, wenn du …
- einen Wunsch oder eine Absicht ausdrücken möchtest. Dies kannst du mit dem Verb *to want* + Infinitiv oder mit *would like* + Infinitiv. Sätze mit *would like to* sind höflicher als Sätze mit *want to*.
- Erwartungen an andere ausdrücken möchtest. Auch dies kannst du mit *to want* + Infinitiv oder mit *would like* + Infinitiv, die betroffene Person oder Sache steht zwischen Verb und Infinitiv. Die deutsche Übersetzung erfolgt meist mit einem dass-Satz.
- jemanden warnen oder auffordern willst, etwas zu tun.
- etwas veranlassen oder zulassen willst. Dies kannst du mit dem Verb *to let* + Objekt + Infinitiv ohne *to* oder mit *to make* + Objekt + Infinitiv ohne *to*.
- eine Wahrnehmung ausdrücken willst. Nach folgenden Verben der Wahrnehmung steht der Infinitiv ohne *to*: *to see, to hear, to feel, to notice*.

Wunsch oder Absicht

Do you **want to look** at the test now?	Möchtest du dir den Test jetzt ansehen?
I **would like to come**, too, if that's OK with you.	Ich würde auch gern kommen, wenn das für dich in Ordnung ist.

Satzformen, Adverbien und Präpositionen 5

Erwartung an andere

I **want you to come** back right after the game.	Ich möchte, dass du gleich nach dem Spiel nach Hause kommst.
Would you **like me to give** you a ride into town?	Möchtest du, dass ich dich in die Stadt mitnehme?

Warnung oder Aufforderung

Great, we're lost. I **told you to bring** a map.	Toll, wir haben uns verirrt. Ich hab euch gesagt, bringt eine Karte mit.
And I **warned you not to go** without a guide.	Und ich habe euch gewarnt, ohne Führer zu gehen.

Lassen oder veranlassen

Just five more minutes and I'll **let you go**.	Nur noch fünf Minuten, dann lasse ich euch gehen.
I really don't know what **made me do** this.	Ich weiß wirklich nicht, was mich dazu veranlasst hat, dies zu tun.

Wahrnehmung

Did you **hear the bell ring**? I must have missed it.	Hast du es klingeln hören? Ich muss es verpasst haben.
I **saw them leave** about an hour ago.	Ich habe sie vor etwa einer Stunde weggehen sehen.

Test yourself

1. *How do you say that in German?*
a. The boss wants you to send these e-mails.
b. Mr Jones let Tim drive the car.
c. Jenny saw the girl take a bottle of perfume.

And in English?
d. Meine Eltern möchten, dass ich Französisch lerne.
e. Ich hörte, wie jemand die Tür aufmachte. (I heard someone …)
f. Was hat ihn veranlasst, seinen Job aufzugeben?

2. *Sage mit eigenen Worten, wann du den Infinitiv verwendest.*

5.4 Sätze mit modalen Hilfsverben
Sentences with modal auxiliaries

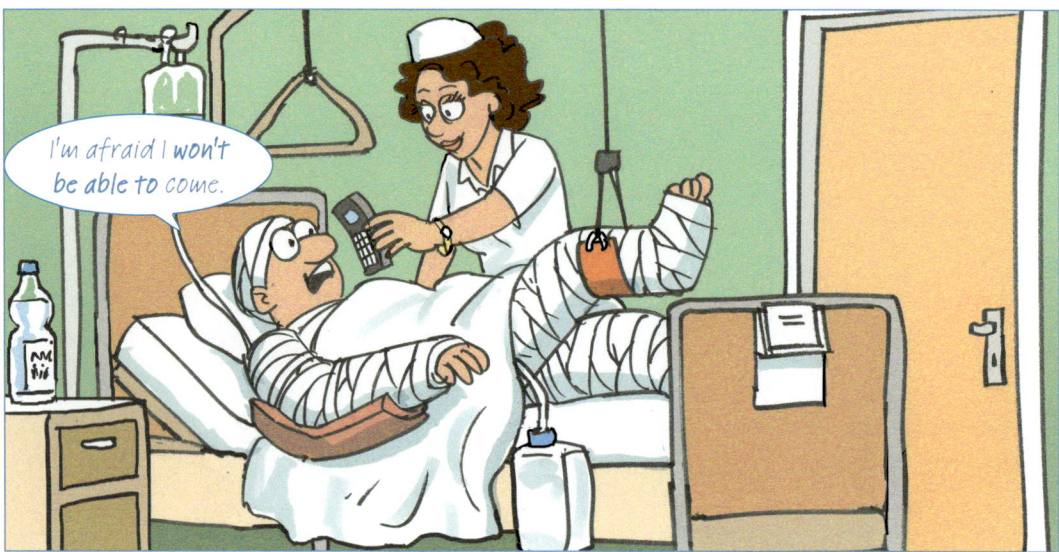

Gebrauch

Du verwendest modale Hilfsverben, um verschiedene Dinge mit unterschiedlichem Grad auszudrücken: eine **Fähigkeit**, eine **Bitte**, eine **Erlaubnis**, ein **Verbot**, eine **Notwendigkeit**, eine **Verpflichtung** oder einen **Vorschlag**.

- Modale Hilfsverben sind für alle Personen gleich und können nur im *simple present* verwendet werden. Ausnahme: *can* und *can't*.
- Mit *can* und *can't* kannst du ausdrücken, dass jemand etwas tun kann oder nicht tun kann. *Can* und *can't* können als einzige modale Hilfsverben auch in der Vergangenheitsform *could* und *couldn't* benutzt werden.
- *Can* oder *could* verwendest du auch, um jemanden um etwas zu bitten.
- Die Verwendung von *could* ist höflicher als die von *can*.
- Wenn du can oder *can't* in anderen Zeiten verwenden willst, benutzt du die Ersatzform *to be able to*. Die Ersatzform *to be able to* kann aber auch in der Gegenwart oder in der Vergangenheit verwendet werden.
- Mit *may* kannst du wie mit *can* oder *could* um etwas bitten. *May* ist höflicher als *can* oder *could*. Mit *may* kannst du auch ausdrücken, dass jemand etwas darf.
- Mit *may* und *might* kannst du auch die Möglichkeit ausdrücken, dass etwas vielleicht so ist.
- Mit *mustn't* drückst du aus, dass jemand etwas nicht darf oder etwas nicht erlaubt ist. Wenn du *mustn't* in anderen Zeiten verwenden willst, benutzt du die Ersatzform *not to be allowed to*.

Satzformen, Adverbien und Präpositionen

- Mit *must* kannst du ausdrücken, dass etwas notwendig ist. Mit n*eedn't* drückst du aus, dass etwas nicht notwendig ist.
- Beachte: Die Verneinung von *must* ist nicht *mustn't* (= nicht dürfen), sondern *not to have to* (= nicht müssen).
- Wenn du *must* oder *needn't* in anderen Zeiten verwenden willst, benutzt du die Ersatzformen *to have to* oder *not to have to*.
- Du kannst beide Ersatzformen auch in der Gegenwart verwenden.
- Mit *will* oder *would* kannst du jemanden bitten, dir einen Gefallen zu tun.
- Die Verwendung von *would* ist höflicher als die von *will*.
- Mit *won't* oder *wouldn't* kannst du ausdrücken, dass du dich weigerst, etwas zu tun.
- Mit *shall* kannst du jemandem etwas anbieten oder etwas vorschlagen.
- Mit *should* und *ought to* kannst du einen Rat geben und ausdrücken, dass etwas gemacht werden müsste oder gemacht werden sollte.
- Wenn du ausdrücken möchtest, was in der Vergangenheit hätte geschehen sollen, benutzt du das modale Hilfsverb *should have* oder *shouldn't have*.
- Auch andere Modalverben kannst du ähnlich verwenden, zum Beispiel, wenn etwas passiert sein muss oder wenn etwas hätte passieren können (*must have*, *could have*).

can, could = können

I **can** play the piano, but I **can't** sing very well.	Ich kann Klavier spielen, aber ich kann nicht sehr gut singen.
I **couldn't** really answer the question.	Ich konnte die Frage nicht richtig beantworten.

can, could = Bitte

Can you turn on the light, please?	Kannst du bitte das Licht anmachen?
Could you turn on the light, please?	Könntest du bitte das Licht anmachen?

can, could – Ersatzform *to be able to*

I'm afraid I **won't be able to** come.	Ich fürchte, ich kann heute nicht kommen.
– But you **were able to** come yesterday.	– Aber du hast es gestern geschafft zu kommen.
I'm only **able to** stay for an hour.	Ich kann nur eine Stunde bleiben.

may = Bitte, Erlaubnis

May I use your phone, please?	Darf ich dein Telefon benutzen?
– Yes, you **may**.	– Ja.
You **may** close the door.	Du kannst die Tür jetzt zumachen.
You **may** leave the room now.	Du darfst jetzt gehen.

5 Satzformen, Adverbien und Präpositionen

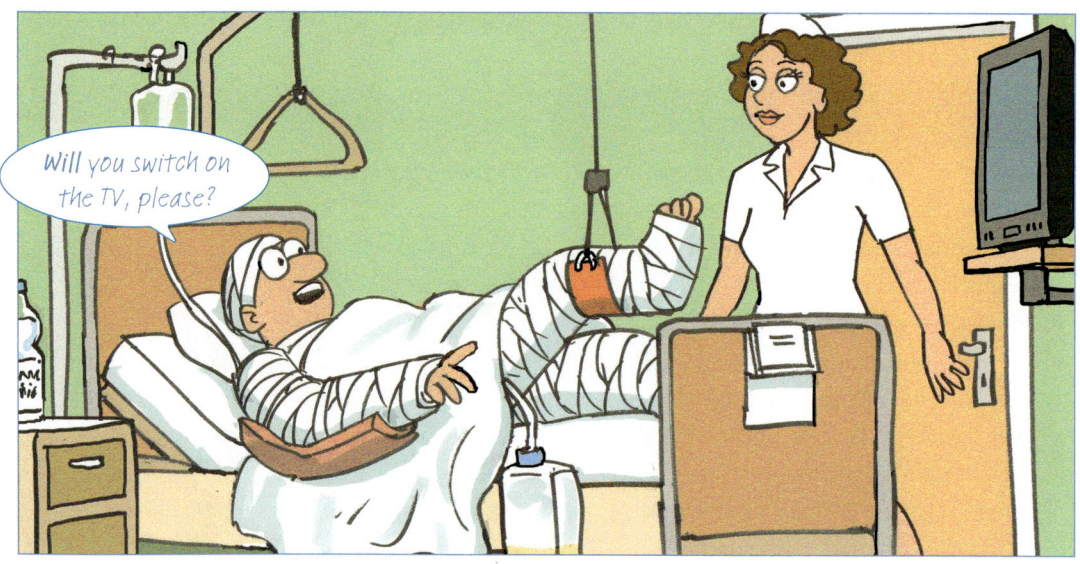

may, might = Möglichkeit

Lisa **may** know Tim's number. (= Perhaps Lisa knows Tim's number.)	Lisa weiß vielleicht Tims Nummer.
Lisa **might** know Tim's number. (= It's just possible that Lisa knows Tim's number.)	Lisa könnte Tims Nummer wissen.

mustn't = Verbot – Ersatzform *not to be allowed to*

You **mustn't** bring dogs into the restaurant./ You're **not allowed to** bring dogs into the restaurant.	Man darf keine Hunde ins Restaurant mitbringen.
She **wasn't allowed to** go to the party.	Sie durfte nicht auf die Party gehen.

must, needn't = Notwendigkeit, keine Notwendigkeit

I don't feel well. I **must** see a doctor.	Ich fühle mich nicht wohl. Ich muss zum Arzt gehen.
We **must** go now, but we **needn't** rush.	Wir müssen jetzt gehen, aber wir brauchen uns nicht zu beeilen.

Satzformen, Adverbien und Präpositionen

must, needn't – Ersatzform to have to

I **had to** wear safety equipment. You, too?	Ich musste eine Sicherheitsausrüstung tragen. Du auch?
You **don't have to** wear it in the office.	Du musst sie im Büro nicht tragen.
I **didn't have to** start work before 9 am.	Ich musste vor 9 Uhr früh nicht anfangen zu arbeiten.

will, would = um einen Gefallen bitten

Will you switch on the TV, please?	Würdest du/Würden Sie bitte den Fernseher einschalten?
Would you help me with the luggage, please?	Würdest du/Würden Sie mir bitte mit dem Gepäck helfen?

won't, wouldn't = Weigerung

I **won't** clean my room.	Ich werde mein Zimmer nicht aufräumen.
I **wouldn't** walk home alone last night.	Ich wollte gestern Abend nicht allein nach Hause gehen.

shall = Vorschlag

Shall I answer the phone?	Soll ich ans Telefon gehen?
Shall we go to the concert?	Sollen wir ins Konzert gehen?

should, ought to = Ratschlag

You **should** send off your application today.	Du solltest deine Bewerbung heute losschicken.
You **shouldn't** sleep in class.	Du solltest im Unterricht nicht schlafen.
She **ought to** tell her parents about her bad grades.	Sie sollte ihren Eltern von ihren schlechten Noten erzählen.

should have, must have, could have

Oh no, we've just missed the bus! We **should have checked** the bus times before.	Oh nein, wir haben gerade den Bus verpasst. Wir hätten die Abfahrtszeiten vorher prüfen sollen.
I'm not surprised that you're feeling sick. You **shouldn't have eaten** so much.	Ich wundere mich nicht, dass dir schlecht ist. Du hättest nicht so viel essen sollen.
I can't see Steve anywhere. He **must have gone** home.	Ich sehe Steve nirgendwo. Er muss nach Hause gegangen sein.
Be careful! You **could have hurt** yourself.	Sei vorsichtig! Du hättest dir wehtun können.

5 Satzformen, Adverbien und Präpositionen

Formen

Da die modalen Hilfsverben bis auf *can* und *can't* nur im *simple present* verwendet werden, gibt es für andere Zeiten Ersatzformen. Diese Formen musst du lernen.
Modale Hilsverben haben in der 3. Person Singular kein *-s* am Ende: *he can, she may, it must*.

can can't	können nicht können	• Ersatzform: *to be able to* • Ersatzform: *not to be able to*
could couldn't	konnte/könnte, konnten/könnten konnte/könnte nicht, konnten/ könnten nicht	• *can – could* • *can't – couldn't*
may may not mustn't	dürfen nicht dürfen nicht dürfen	• Ersatzform: *to be allowed to* • Ersatzform: *not to be allowed to* • Ersatzform: *not to be allowed to*
may (go) might (go)	vielleicht (gehen) vielleicht (gehen)	
must needn't	müssen nicht brauchen, nicht müssen	• Ersatzform: *to have to* • Ersatzform: *not to have to*
will won't	werde, werden (bereit sein) werde/werden nicht (sich weigern)	• Nicht mit *want to* verwechseln!
would	würde, würden	
shall	soll, sollen (vorschlagen)	• nur Frageform
should shouldn't ought to	sollten sollten nicht sollten (eigentlich)	

Merke: Modale Hilfsverben

- für alle Personen gleich
- Verwendung nur in der Gegenwart (Ausnahme: *could, would*)
- Ersatzformen für andere Zeiten

Test yourself

1. *How do you say that in English? (Sometimes there's more than one right answer.)*
a. Sandra musste zum Arzt gehen, aber sie brauchte nicht lange zu warten.
b. Würden Sie mir bitte helfen?
c. Wir durften unsere Freunde nicht mitbringen.
d. Meine Eltern könnten mir vielleicht Geld leihen.

2. *Sage,* welche die wichtigsten modalen Hilfsverben sind und wie sie verwendet werden.

5.5 Aufforderungssätze
Imperative sentences

Gebrauch

Aufforderungssätze benutzt du, um einen Befehl, eine Bitte, ein Einladung, eine Warnung oder ein Verbot auszudrücken.
- Bejahte Aufforderungssätze werden mit der Imperativform (Befehlsform) des Verbs gebildet. Sie entspricht der Infinitivform (Grundform).
- Es gibt nur eine Form; Singular und Plural sind gleich.
- Verneinte Aufforderungssätze (Warnungen, Verbote) bildest du mit **don't / do not** + Infinitiv.
- Am Ende von Aufforderungssätzen steht im Englischen meistens ein Punkt. Ein Ausrufezeichen steht nur, wenn es sich um einen aufgeregten Ausruf handelt.
- Aufforderungen, die dich selbst mit einbeziehen, kannst du mit **let's / let's not** + Infinitiv ausdrücken.

Bejahte Aufforderungssätze

Please **listen** carefully, everybody.	Hört alle bitte aufmerksam zu.
Come in and **sit down**, Cheryl.	Komm herein und setz dich, Cheryl.
Mind that car!	Pass auf das Auto auf!

Verneinte Aufforderungssätze

Don't call me before 9 am.	Ruf mich nicht vor 9 Uhr an.
Please **do not feed** the animals.	Bitte nicht füttern!

Aufforderungen mit *let's*

Come on, **let's** go for a swim.	Los, komm, lass uns schwimmen gehen.
Let's not argue about it.	Lasst uns nicht darüber streiten.

Formen

Imperativ	Infinitiv	Deutsch	
Look.		Schau. / Schaut.	• Nur eine Form; Singular und Plural gleich
Don't	look.	Schau / Schaut nicht.	• Imperativ + Infinitiv
Let's	look.	Lass / Lasst uns schauen.	
Let's not	look	Lass / Lasst uns nicht schauen.	

5.6 Passivsätze
Passive statements

Gebrauch

Im Passivsatz wird betont, **was** gemacht wird, und **nicht**, **wer** etwas tut. (Im Aktivsatz steht der Verursacher einer Handlung im Vordergrund.)

- Das Passiv wird häufig für allgemeine Feststellungen und in Berichten verwendet.
- Fast alle Verben, die im Aktivsatz ein Objekt haben, können in Passivsätzen benutzt werden.
- Das Subjekt im Passivsatz entspricht dem Objekt im dazugehörigen Aktivsatz.
- Die Passivformen des Verbs werden mit dem Hilfsverb *to be* und dem Partizip Perfekt gebildet.
- Die Zeitform des Hilfsverbs *to be* hängt vom zeitlichen Zusammenhang ab (Vergangenheit, Zukunft usw. – wie bei Aktivsätzen).
- Der Verursacher der Handlung wird im Passivsatz oft nicht erwähnt, weil er unwichtig oder unbekannt ist.
- Mit dem Wort *by* kann der Verursacher angefügt werden. Dadurch betonst du, wer etwas tut oder getan hat.
- Bei Verben mit zwei Objekten wie *to give*, *to show* kannst du das Personenobjekt zum Subjekt eines Passivsatzes machen. Dadurch betonst du, wem etwas z. B. gegeben oder gezeigt wurde. Diese Form heißt das *personal passive*.

Das Passiv in allgemeinen Feststellungen und Berichten

Gold **is found** in many countries.	Gold kommt in vielen Ländern vor.
The game **was watched** by millions of people all over the world	Das Spiel wurde von Millionen Menschen auf der ganzen Welt verfolgt.

Aktivsätze und Passivsätze im Vergleich

People **make** DVDs in this factory.	In dieser Fabrik stellt man DVDs her.
DVDs **are made** in this factory.	DVDs werden in dieser Fabrik hergestellt.
Somebody **has damaged** these cars.	Jemand hat diese Autos beschädigt.
These cars **have been damaged**.	Diese Autos sind beschädigt worden.

Verschiedene Zeitformen des Passivs

An old bike **had been thrown** into the lake.	Ein altes Fahrrad war in den See geworfen worden.
Two police officers **were sent** to the house.	Zwei Polizisten wurden zu dem Haus geschickt.
The garbage **will be collected** tomorrow.	Der Müll wird morgen abgeholt.

Satzformen, Adverbien und Präpositionen 5

by ..., um den Verursacher des Geschehens zu nennen

The accident **was caused by** a careless cyclist.	Der Unfall wurde von einem unachtsamen Radfahrer verursacht.
The prizes **will be presented by** famous film stars.	Die Preise werden von berühmten Filmschauspielern überreicht.
The winner **is** always **announced** (**by** the headteacher) at the end of the competition.	Der Gewinner wird immer am Ende des Wettbewerbs (von der Schulleiterin) bekanntgegeben.

Das *personal passive* – Aktiv und Passiv im Vergleich

They offered us free tickets.	Sie boten uns Freikarten an.
We were offered free tickets.	Uns wurden Freikarten angeboten.

Formen

	past perfect	simple past	past progressive	present perfect	simple present	will-future
	had been + 3. Form	was/were + 3. Form	was/were + being + 3. Form	have been/ has been + 3. Form	is/are + 3. Form	will be + 3. Form
It	had been made	was made	was being made	has been made	is made	will be made
They	had been made	were made	were being made	have been made	are made	will be made

Test yourself

1. *Complete the sentences with the correct passive tense.*
a. Every day hundreds of people … on the roads.   injure
b. Yesterday police officers … to a school in Bristol.   call
c. Next Sunday this bridge … to traffic for four hours.   close
d. You mustn't pick these flowers because they … by law.   protect
e. People have looked everywhere, but the money … yet.   not find

2. *Sage mit eigenen Worten, wie man das Passiv bildet.*

5.7 Fragen
Questions

Gebrauch

Im Englischen wie im Deutschen gibt es zwei Arten von Fragen:
- Fragen, die die Antwort *yes* oder *no* verlangen (**Entscheidungsfragen**);
- Fragen, die durch ein **Fragewort** eingeleitet werden.

- Entscheidungsfragen werden durch ein Hilfsverb oder durch *Do/Does* bzw. *Did* eingeleitet.
- Fragen können durch ein einzelnes Fragewort eingeleitet werden oder durch eine erweiterte Wortgruppe.
- Bestätigungsfragen werden an einen Aussagesatz angehängt und entsprechen dem Deutschen „nicht wahr?" bzw. „oder?".

Entscheidungsfragen

Are you **waiting** for anybody? (Yes./No.)	Wartest du gerade auf jemanden? (Ja./Nein.)
Did Mary **find** the way? (Yes./No.)	Hat Mary den Weg gefunden? (Ja./Nein.)

Fragen mit Fragewörtern

Why has the train stopped here?	Warum hat der Zug hier angehalten?
What sort of ice-cream does Jason like best?	Was für Eis mag Jason am liebsten?

Satzformen, Adverbien und Präpositionen 5

5.8 Fragen und Kurzantworten
Questions and short answers

Gebrauch

Fragen, die die Antwort *yes* oder *no* verlangen, heißen Entscheidungsfragen.
Im Englischen werden sie immer durch ein Hilfsverb eingeleitet.
- Nach dem Hilfsverb steht das Subjekt des Fragesatzes.
- Wenn kein Hilfsverb vorhanden ist, muss die Entscheidungsfrage durch *Do/Does* bzw. *Did* eingeleitet werden.
- Bei Fragen, die mit dem Hilfsverb *Do/Does* oder *Did* anfangen, steht das Vollverb im Infinitiv. (Das Hilfsverb enthält bereits die Zeit-Information *simple present* bzw. *simple past*.)
- Mit verneinten Entscheidungsfragen (*Don't you like …?*) kannst du Zweifel, Ärger oder Überraschung ausdrücken.
- Im Englischen lautet die Antwort auf eine Entscheidungsfrage nicht nur *yes* oder *no*. Sie wird meist durch einen Kurzsatz ergänzt.
- Die Kurzantwort enthält dasselbe Hilfsverb wie die Frage.
- Das Subjekt der Frage wird in der Kurzantwort als Pronomen wiedergegeben.
  (Aufpassen: *you* → *I/we*; *I* → *you*)

Entscheidungsfragen

Will we **see** any famous places on the way**?** (*Yes./No.*)	Werden wir auf der Fahrt berühmte Orte sehen? (Ja./Nein.)
Has Frank **told** you about his plans yet**?** (*Yes./No.*)	Hat dir Frank schon von seinen Plänen erzählt? (Ja./Nein.)

5 Satzformen, Adverbien und Präpositionen

Entscheidungsfragen mit dem Hilfsverb *to do*

| **Does** this bus **stop** at the cinema? | Hält dieser Bus am Kino? |
| **Did** George **live** in India when he was a child? | Lebte George als Kind in Indien? |

Verneinte Entscheidungsfragen

| **Can't** you **stop** talking? | Kannst du nicht aufhören zu reden? |

Entscheidungsfragen mit Kurzantworten

| Was Kim here this morning?
 – Yes, she was. | War Kim heute morgen hier?
 – Ja. |
| Have you forgotten Lee's birthday?
 – No, I haven't. | Hast du Lees Geburtstag vergessen?
 – Nein. |

Formen

Hilfsverb	Subjekt	Verb		Kurzantwort
Will	you	be	here tomorrow?	Yes, I will./No, I won't.
Can	Steve	swim?		Yes, he can./No, he can't.
Is	Tobias		German?	Yes, he is./No, he isn't.
Are	the girls	waiting	at the station?	Yes, they are./No, they aren't.
Has	Margaret	found	her keys yet?	Yes, she has./No, she hasn't.
Does	this bus	go	to the castle?	Yes, it does./No, it doesn't.
Do	you	live	in a big city?	Yes, I do./No, I don't.
Did	Lenny	call	you yesterday?	Yes, he did./No, he didn't.

Test yourself

1. *Give short answers to these questions.*
a. Did you meet Jason and Frank when you were on vacation? – Yes, … .
b. Were the boys watching TV when you arrived? – No, … .
c. Does Jason look like his brother? – No, … .
d. Would Frank help us with our work if we asked him? – Yes, … .
e. Has the boys' car been repaired yet? – No, … .

2. *Erkläre mit eigenen Worten die Regeln für Entscheidungsfragen und Kurzantworten.*

5.9 Fragen mit Fragewörtern
Questions with question words

Gebrauch

- Viele Fragesätze fangen mit einem einzelnen Fragewort (*Who …?*, *Why …?*) oder mit einer erweiterten Wortgruppe (*What time …?*) an.
- Die Fragewörter *Who?* und *What?* können sowohl Subjekt als auch Objekt des Fragesatzes sein.
- Wenn *Who/What* das Subjekt des Satzes ist, entspricht die Wortstellung derjenigen eines Aussagesatzes.
- In allen anderen Fragen mit Fragewörtern kommt nach dem Fragewort (oder der Wortgruppe) ein Hilfsverb. Die Wortstellung entspricht derjenigen einer Entscheidungsfrage.
- Beim *simple present* und *simple past* brauchst du das Hilfsverb *do/does* bzw. *did*.
- Vorsicht: Englisch *Who?* = Deutsch „Wer?"; Englisch *Where?* = Deutsch „Wo?"

Einzelne Fragewörter und Wortgruppen

Where did you buy that T-shirt?	Wo hast du das T-Shirt gekauft?
How many sandwiches did you buy?	Wie viele belegte Brote hast du gekauft?

Who / What / Which als Subjekt des Fragesatzes

Who wants to come with us?	Wer möchte mit uns mitkommen?
What caused the financial crisis?	Was hat die Finanzkrise verursacht?
Which of these drinks contains alcohol?	Welches dieser Getränke enthält Alkohol?

5 Satzformen, Adverbien und Präpositionen

Who / What / Which als Objekt des Fragesatzes

Who has Mick invited to his party?	Wen hat Mick zu seiner Party eingeladen?
What can you do here in the evenings?	Was kann man hier abends machen?
Which backpack do you want to take with you?	Welchen Rucksack willst du mitnehmen?

Fragen mit dem Hilfsverb to do

Why didn't you **ask** for help?	Warum hast du nicht um Hilfe gebeten?
What does "ausgeflippt" **mean** in English?	Was bedeutet „ausgeflippt" auf Englisch?

Formen

Fragewort	Hilfsverb	Subjekt	Verb	
Who	did	Lizzie	meet	last Friday?
What	will	you	give	Andy for his birthday?
Where	can	I	buy	something to eat?
Why	didn't	Jack	ask	for help?
When	are	the girls	planning	to come?
Which DVD	has	Linda	borrowed	from Stella?
What languages	do	you	speak?	

Fragewort = Subjekt	Verb		
Who	lives	in this house?	• Wortstellung wie im Aussagesatz
– The Johnsons	live	in this house.	
How many countries	belong	to the UK?	
– Four countries	belong	to the UK.	
What	caused	the accident?	
– A dog	caused	the accident.	

Test yourself

1. *Ask the questions.*
   a. Where … ?   – Charlotte lives in Boston.
   b. How … ?   – She speaks three languages.
   c. … ?   – A friend told her about the competition.
   d. … ?   – Charlotte has won a vacation in Malibu.
   e. … ?   – She'll get her prize in September.

2. *Erkläre mit eigenen Worten die Regeln für Fragen mit Fragewörtern.*

5.10 Bestätigungsfragen
Question tags

Gebrauch

- Im Englischen entsprechen Bestätigungsfragen den deutschen Ausdrücken „nicht wahr?" bzw. „oder?".
- Die Bestätigungsfrage wird an den Aussagesatz angehängt.
- Sie enthält dasselbe Hilfsverb wie der vorangehende Aussagesatz.
- Wenn der Aussagesatz kein Hilfsverb enthält, verwendest du in der Bestätigungsfrage eine Form von *to do* (*do/does* oder *did*).
- In Bestätigungsfragen erscheint das Subjekt des Aussagesatzes als Pronomen.
- Wenn der vorangehende Aussagesatz bejaht ist, ist die Bestätigungsfrage verneint – und umgekehrt.

Aussagesatz und Bestätigungsfrage mit demselben Hilfsverb

You**'ve** been smoking secretly, **haven't** you?	Du hast heimlich geraucht, nicht wahr?
The boys **won't** be here before ten, **will** they?	Die Jungen werden nicht vor zehn hier sein, oder?

Bestätigungsfrage mit einer Form von *to do*

Louisa sings with Luke's band, **doesn't** she?	Louisa singt in Lukes Band, nicht wahr?
You took part in a marathon last year, **didn't** you?	Du bist letztes Jahr in einem Marathon gelaufen, oder nicht?

5 Satzformen, Adverbien und Präpositionen

Bestätigungsfrage verneint

| Tim **will** be a famous actor one day, **won't he**? | Eines Tages wird Tim ein berühmter Schauspieler sein, nicht wahr? |

Bestätigungsfrage bejaht

| This movie is**n't** very exciting, **is** it? | Dieser Film ist nicht sehr spannend, nicht wahr? |

Formen

+				−	
Subjekt	Hilfsverb	Verb		Hilfsverb	Subjekt
Susan	is	waiting,		isn't	she?
The boys	have	finished,		haven't	they?
You	can	come,		can't	you?
Matt		speaks	German,	doesn't	he?
The books		arrived	yesterday,	didn't	they?

−				+	
Subjekt	Hilfsverb	Verb		Hilfsverb	Subjekt
Susan	isn't	waiting,		is	she?
The boys	haven't	finished,		have	they?
You	can't	come,		can	you?
Matt	doesn't	speak	German,	does	he?
The books	didn't	arrive	yesterday,	did	they?

Test yourself

1. *Match the question tags to the sentences.*
   a. Wayne usually comes to the sports club, …
   b. But he can't play football very well, …
   c. His parents gave him a tennis racket last year, …
   d. And now the other tennis players can't beat him, …
   e. He'll win next year's tennis competition, …

   1) … can they?
   2) … can he?
   3) … won't he?
   4) … doesn't he?
   5) … didn't they?

2. *Erkläre mit eigenen Worten die Regeln für Bestätigungsfragen.*

5.11 Die Verneinung
Negative statements

Gebrauch

- Aussagen werden meistens mit dem Wort **not** (Kurzform *n't*) verneint.
- In der gesprochenen Sprache wird fast immer die Kurzform *n't* verwendet.
- Für die Verneinung brauchst du im Englischen ein Hilfsverb → wie auch bei den meisten Fragen.
- Das Wort *n't / not* wird an das Hilfsverb angehängt.
- Wenn der Satz kein Hilfsverb enthält (also beim *simple present* und *simple past*) benutzt du eine Form von *to do* (*doesn't / don't / didn't*).
- Verneinte Aufforderungssätze bildest du mit *don't / do not* + Infinitiv.

Verneinung mit Hilfsverben (*to be, to have,* modale Hilfsverben)

Don **isn't coming** to the meeting tonight.	Don kommt nicht zum Treffen heute Abend.
He **hasn't written** a new song for ages.	Er hat seit Ewigkeiten keinen neuen Song geschrieben.
They **shouldn't drive** so fast.	Sie sollten nicht so schnell fahren.

Verneinung mit dem Hilfsverb *to do*

This cookie **doesn't taste** very nice.	Dieser Keks schmeckt nicht sehr gut.
He **didn't believe** Susan's story.	Er glaubte Susans Geschichte nicht.

Verneinte Aufforderungssätze

Do not talk to the driver during the journey.	Während der Fahrt nicht mit dem Fahrer sprechen.

Formen

Subjekt	Hilfsverb + *n't*	Vollverb	
Kelly	isn't	playing	at the moment.
We	don't	speak	German very well.
I	haven't	finished	my meal yet.

5.12 Weitere Möglichkeiten der Verneinung
Other forms of negation

They decided **not to stay.**

Gebrauch

- Das Wort **not** kann bei bestimmten Verben auch **mit dem Infinitiv** verwendet werden (z.B. *to decide, to tell, to advise, to agree, to ask, to choose, to promise, to try, to warn*).
- Verbote werden im Englischen oft mit **no** + **Nomen** ausgedrückt.
- Andere Wörter mit negativer Bedeutung: *nobody, never, hardly ever*.
- Bei diesen Wörtern brauchst du das Hilfsverb *to do* nicht.

not mit Infinitiv

They decided **not to stay.**	Sie beschlossen, nicht zu bleiben.
Sam told his friends **not to wait.**	Sam bat seine Freunde, nicht zu warten.

Verbote mit *no*

No entry.	Einbahnstraße
No dogs.	Hunde dürfen nicht mitgeführt werden.

Andere Wörter mit negativer Bedeutung

The police found **nothing** in the house. (= They didn't find anything.)	Die Polizei fand nichts in dem Haus.
I **never** eat fish for breakfast.	Ich esse nie Fisch zum Frühstück.
People **hardly ever** notice this statue.	Die Leute bemerken diese Statue fast nie.

5.13 Adverbien

Adverbs

Gebrauch

Adverbien benutzt du, um zu sagen, wie etwas getan wird.
- Das Ad**verb** heißt so, weil es zum Verb gehört.
- Ein Adverb steht normalerweise am Satzende. Allerdings können Angaben zum Ort und zur Zeit noch nach den Adverbien stehen
- Adverbien und Adjektive haben im Englischen unterschiedliche Formen. Die meisten Adverbien (die regelmäßigen) werden aus Adjektiven + *-ly* gebildet. (Im Vergleich zum Deutschen: schnell sein, schnell laufen)
- Neben den regelmäßigen gibt es auch unregelmäßige Adverbien. Einige einsilbige Adverbien und Adjektive wie *hard, fast, long, high, far* sind in beiden Formen gleich.
- Das Adverb zu *good* ist *well*.

Adverbien mit *-ly*

The Millers have decorated their house **beautifully**.	Die Millers haben ihr Haus schön dekoriert.
Martin spends his money **carefully**.	Martin gibt sein Geld sorgsam aus.
Martin spends his money **carefully** every week.	Martin gibt sein Geld jede Woche sorgsam aus.
You can eat **cheaply** at the new restaurant.	In dem neuen Restaurant kann man billig essen.

Satzformen, Adverbien und Präpositionen

Unregelmäßige Adverbien

I assume you worked quite **hard** for it.	Ich nehme an, du hast ziemlich hart dafür gearbeitet.
Our car doesn't go very **fast**.	Unser Auto fährt nicht sehr schnell.
Did you sleep **well** last night?	Hast du heute Nacht gut geschlafen?

Formen

quick	quickly	• Adverb = Adjektiv + **-ly**
nice	nicely	
slow	slowly	
terrible	terribly	• *-le* wird zu **-ly**
reliable	reliably	
angry	angrily	• *-y* wird zu **-ily**
happy	happily	
fantastic	fantastically	• *-ic* wird zu **-ically**
automatic	automatically	
fast	fast	• Einige einsilbige Adverbien und Adjektive sind gleich.
high	high	Auch: *long, far, hard, early, daily*
low	low	Diese Ausnahmen musst du lernen.
good	well	

Test yourself

1. *Put in the correct form of the adverb.*
a. Jenny always gets up … on Saturdays.   **early**
b. She goes … to the swimming club.   **regular**
c. She can swim very … after so much training.   **good**
d. Jenny's friends cheer … when she wins a race.   **enthusiastic**
e. She smiles … when a reporter takes a photo of her.   **cheerful**

2. *Sage in eigenen Worten, wie Adverbien gebildet werden und wie man sie verwendet.*

5.14 Die Steigerung der Adverbien
Comparison with adverbs

Gebrauch

Die Steigerung der Adverbien braucht man eher selten. Sie funktioniert ähnlich wie die Steigerung der Adjektive.
- Einsilbige Adverbien steigerst du mit **-er** und **-est**.
- Zwei- und mehrsilbige Adverbien steigerst du wie mehrsilbige Adjektive mit **more** und **most**.

Steigerung einsilbiger Adverbien

Sometimes I work **hard**.	Manchmal arbeite ich hart.
But my sister works **harder**.	Aber meine Schwester arbeitet härter.
My mum works **hardest** of us all.	Meine Mutter arbeitet am härtesten von uns allen.

Steigerung mehrsilbiger Adverbien

Carol doesn't sing very **beautifully**.	Carol singt nicht sehr schön.
Sean sings **more beautifully**.	Sean singt schöner.
Rachel sings **most beautifully** of the three.	Rachel singt am schönsten von den dreien.
Come and see us **more often**!	Komm doch öfter bei uns vorbei.

5 Satzformen, Adverbien und Präpositionen

Formen

| to go fast
to go soon | to go faster
to go sooner | to go fastest
to go soonest | • Einsilbige Adverbien: Steigerung mit *-er* und *-est* |
|---|---|---|---|
| to drive carefully

to drive dangerously | to drive more carefully
to drive more dangerously | to drive most carefully
to drive most dangerously | • Zwei- und mehrsilbige Adverbien: Steigerung mit *more* und *most* |
| to go early
to do well
to do badly | to go earlier
to do better
to do worse | to go earliest
to do best
to do worst | • Diese Ausnahmen musst du lernen. |

Test yourself

1. *Put in the right form of the adverb.*
a. I can't understand you. Can you speak … , please?   **clear**
b. Colin is a good actor, but Emma acts … of all.   **good**
c. She plays her role … .   **beautiful**
d. The performance starts at eight, but we should arrive … than that.   **early**
e. Andy's old car can't go … than a bike, so he'll be late.   **fast**

2. *Formuliere in eigenen Worten, wie Adverbien gesteigert werden.*

5.15 Vergleiche mit Adverbien
Comparing with adverbs

Gebrauch

Mit Adverbien kannst du **Tätigkeiten vergleichen**.
(Mit Adjektiven und deren Steigerung kannst Personen, Tiere oder Dinge vergleichen.)
- Mit Adverbien und deren Steigerung kannst du ausdrücken, dass Tätigkeiten gleich oder ungleich sind.
- Hierfür benutzt du *as … as*, *not as … as* oder *… than*.

Gleichheit/Ungleichheit bei Tätigkeiten

You speak English **as well as** I do.	Du sprichst Englisch genau so gut wie ich.
But I speak **more clearly than** you do.	Aber ich spreche deutlicher als du.
You do**n't** speak **as clearly as** I do.	Du sprichst nicht so deutlich wie ich.

Formen

as carefully as not as carefully as more carefully than	so vorsichtig wie nicht so vorsichtig wie vorsichtiger als	• Im Vergleich immer *than*, nicht *then*.
as well as not as well as better than	so gut wie nicht so gut wie besser als	• Im Vergleich immer *than*, nicht *then*.

5.16 Orts- und Zeitadverbien
Adverbs of time and place

Gebrauch

Neben den Adverbien, die von Adjektiven abgeleitet sind, gibt es auch andere:
- Orts- und Zeitadverbien wie *sometimes, often, never, today, soon, usually, here* oder *there*.
- Wo diese Adverbien im Satz stehen, hängt davon ab, ob es sich um bestimmte oder unbestimmte Orts- und Zeitangaben handelt.
- Unbestimmte Zeitangaben wie *sometimes*, *often* oder *already* stehen in der Satzmitte vor dem Verb.
- Bestimmte Zeit- und Ortsangaben wie *yesterday, tomorrow, long ago, upstairs, downhill* stehen meist am Satzende.
- Soll eine Orts- und Zeitangabe allerdings besonders betont werden, steht sie am Satzanfang.
- Wenn Sätze Hilfsverben enthalten, steht das Adverb zwischen dem Hilfsverb und dem Verb.
- Nur wenn du das Verb *to be* verwendest, steht das Adverb hinter dem Verb.

Unbestimmte Orts- und Zeitadverbien (vor dem Verb)

They **sometimes** go out for a meal.	Sie gehen manchmal essen.
We **usually** start work at 8 am.	Wir fangen gewöhnlich um 8 Uhr an zu arbeiten.

Satzformen, Adverbien und Präpositionen

Bestimmte Orts- und Zeitangaben (unbetont, am Satzende)

This is something we can do **tomorrow**.	Das ist etwas, was wir morgen machen können.
The rest of the way will be mostly **downhill**.	Der restliche Weg geht überwiegend bergab.
Leave your shoes **outside**, please.	Lass deine Schuhe bitte draußen.

Bestimmte Orts- und Zeitangaben (betont, am Satzanfang)

Yesterday, all my troubles seemed so far away.	Gestern schienen alle meine Sorgen so weit weg zu sein.

Unbestimmte Orts- und Zeitadverbien (zwischen Hilfsverb und Verb)

He has **rarely** played better than today.	Er hat selten besser gespielt als heute.
We will **never** know who did it.	Wir werden nie herausfinden, wer es getan hat.

Unbestimmte Orts- und Zeitadverbien (nach *to be*)

This isn't **often** the case.	Dies ist nicht oft der Fall.

Formen

I sometimes think they often think	• unbestimmte Adverbien: vor dem Verb
they have never known they will always know	• unbestimmte Adverbien: vor dem Verb, nach dem Hilfsverb.
they moved upstairs they moved last week	• bestimmte Adverbien: nach dem Verb

Test yourself

1. *Put the adverbs in the right place.*
a. We aren't late for lessons.   usually
b. School students use computers and the Internet.   often
c. Lucy can remember her password.   never
d. We had a sports competition for the whole school.   yesterday
e. We can't play volleyball. – It's raining.   today, outside

2. *Sage in eigenen Worten, welche Arten von Adverbien es gibt und an welcher Stelle im Satz sie normalerweise stehen.*

5.17 Präpositionen
Prepositions

Gebrauch

Präpositionen drücken das Verhältnis oder eine Beziehung zwischen Personen oder Dingen aus. Das Verhältnis kann sich …
- auf die Zeit (*after, before, during*),
- auf den Ort (*at, behind, under*)
- oder auf die Richtung (*to, into, past, across*) beziehen.
- Es kann auch anderer Natur sein (*by, for, from*).
- Im Deutschen werden Präpositionen auch Verhältniswörter genannt.
- Präpositionen stehen in der Regel vor einem Nomen oder Pronomen.
- Sie können aus einem Wort (*through*) oder aus zwei und mehr Wörtern (*next to*) bestehen.
- Redewendungen mit Präpositionen lassen sich oft nicht wörtlich übersetzen.

Präpositionen der Zeit

Die wichtigsten Präpositionen der Zeit sind *at, in* und *on*.
- *At* benutzt du für Uhrzeiten, *on* für Wochentage und das Datum und *in* zur Beschreibung von Tageszeiten und Monaten.
- *At* drückt in der Regel einen Zeitpunkt, *in* einen Zeitraum aus.
- Es gibt eine Reihe weiterer Präpositionen, mit denen du Zeitpunkte (*after, before, … ago, since*) und Zeiträume (*for, between, until, from … to*) ausdrücken kannst.

Satzformen, Adverbien und Präpositionen — 5

Präpositionen des Ortes und der Richtung

- Präpositionen des Ortes sind *on, under, above, in front of, behind, outside, opposite*.
- Präpositionen der Richtung sind *to, into, out of, past, across, up, down, through*.

Präpositionen der Zeit

I suggest we meet again **at** five o'clock.	Ich schlage vor, wir treffen uns wieder um fünf Uhr.
My sister usually goes out for a walk **in** the afternoon.	Meine Schwester geht gewöhnlich am Nachmittag spazieren.
I'm afraid I can't come **on** Monday.	Ich fürchte, ich kann Montag nicht kommen.
Both my brothers have their birthdays **in** August.	Meine Brüder haben beide im August Geburtstag.

The best time to reach him is **after** six o'clock.	Die beste Zeit, ihn zu erreichen, ist nach sechs Uhr.
I saw her in Italy three years **ago**.	Ich habe sie vor drei Jahren in Italien gesehen.
The store is closed **from** one o'clock **to** three o'clock.	Das Geschäft ist von ein Uhr bis drei Uhr geschlossen.
We haven't seen each other **since** January (= Zeitpunkt).	Wir haben uns seit Januar nicht gesehen.
We haven't seen each other **for** ages (= Zeitraum).	Wir haben uns seit Ewigkeiten nicht gesehen.

Präpositionen des Ortes und der Richtung

Have you seen my watch? It's usually **on** the desk **next to** the telephone.	Hast du meine Uhr gesehen? Sie ist normalerweise auf dem Schreibtisch neben dem Telefon.
The post office is **behind** the statue **opposite** the town hall.	Die Post ist hinter der Statue gegenüber dem Rathaus.
There's another post office **by** the lake **near** the station.	Es gibt noch eine Post am See in der Nähe des Bahnhofs.

It's not far now. Just walk **past** the car park **towards** the castle and you're there.	Es ist jetzt nicht mehr weit. Gehen Sie am Parkplatz vorbei in Richtung Schloss und Sie sind da.
It's less busy now. People are coming **out**, few are going **in**.	Es ist jetzt ruhiger geworden. Die Leute kommen raus, wenige gehen rein.
What are you doing? – I'm running **after** my dog.	Was machst du? – Ich laufe meinem Hund nach.

5 Satzformen, Adverbien und Präpositionen

Redewendungen mit Präpositionen, die nicht wörtlich zu übersetzen sind

| Are you afraid **of** spiders? | Hast du Angst vor Spinnen? |
| Wait **for** me! | Warte auf mich! |

Formen

at noon at eight o'clock at Christmas on Friday	mittags um acht Uhr an Weihnachten am Freitag, freitags	• Präpositionen der Zeit: Zeitpunkt
in the morning in January in the summer after midnight before dinner	am Morgen, morgens im Januar im Sommer nach Mitternacht vor dem Abendessen	• Präpositionen der Zeit: Zeiträume • Auch: *between, … ago, since, for, from … to, until*
by the lake under the bridge over the rainbow in front of the car next to the house	am See unter der Brücke über dem Regenbogen vor dem Auto neben dem Haus	• Präpositionen des Ortes • Auch: *near, at, in, on, above, below, behind, opposite*
from the table off the wall towards the house to the house up the hill	vom Tisch von der Wand in Richtung Haus zum Haus auf den Hügel	• Präpositionen der Richtung • Auch: *to, into, out of, past, along, across, down, round*
in the street in the picture	auf der Straße auf dem Bild	• Diese Formen musst du lernen.

Test yourself

1. *Put in the correct preposition.*
   a. Ken and Noreen are having a party … New Year's Eve.
   b. They're going to put lots of pictures … the walls.
   c. The party will start … 10 pm.
   d. Tanya hasn't seen Ken … two years.
   e. But she often meets Noreen when she goes … the sports shop.

2. *Nenne einige der wichtigsten Präpositionen der Zeit und des Ortes und sage, wie sie verwendet werden.*

5.18 Das Gerundium nach Präpositionen
Gerunds after prepositions

Gebrauch

Es gibt im Englischen eine Reihe von Wörtern, die mit einer bestimmten Präposition verbunden sind. Dies können Verben, Adjektive oder Nomen sein.
- Auf Verben und Adjektive mit Präpositionen folgt meist ein Nomen oder Pronomen.
- Auf Verben und Adjektive mit Präpositionen kann auch ein Verb folgen, das dann im Gerundium (*-ing*-Form) verwendet wird.
- Präpositionen mit Gerundium verwendest du nach Verben wie *to think about, to succeed in* oder *to insist on*.
- Präpositionen mit Gerundium verwendest du auch nach Adjektiven wie z.B. *interested in, tired of, famous for*.
- Präpositionen mit Gerundium verwendest du nach Nomen wie z.B. *danger of, difficulty in, idea of*.

Verben und Adjektive mit Präpositionen und Nomen oder Pronomen

Do you still **think about her**? – No, I don't. I'm **interested in a different girl** now.	Denkst du noch an sie? – Nein, ich bin jetzt an einem anderen Mädchen interessiert.

Verben mit Präpositionen und Gerundium

I'm **thinking about going** to Florida next year.	Ich überlege mir, nächstes Jahr nach Florida zu fahren.
I'm **looking forward to doing** it.	Ich freue mich darauf, es zu tun.
Don't you **worry about travelling** alone? – No, I don't. I **believe in doing** things my way.	Machst du dir keine Sorgen allein zu fahren? – Nein, ich glaube daran, Dinge auf meine Art zu tun.

Adjektive mit Präpositionen und Gerundium

Would you be **interested in visiting** the Grand Canyon? – Yes, I'm **crazy about going** there. Do you ever get **tired of working** so hard? – No, I don't. I'm **used to working** hard.	Hättest du Interesse daran, den Grand Canyon zu besuchen? – Ja, ich bin verrückt danach hinzufahren. Bist du es nicht manchmal leid, so hart zu arbeiten? – Nein, ich bin daran gewöhnt, hart zu arbeiten.

5 Satzformen, Adverbien und Präpositionen

Nomen mit Präpositionen und Gerundium

The **advantage of going** early is that we won't have to wait very long.	Der Vorteil daran früh zu gehen ist, dass wir nicht sehr lange warten müssen.
The **chance of seeing** a whale is pretty good out here.	Die Chance, einen Wal zu sehen, ist hier draußen ziemlich gut.
The **danger of getting** lost is very slim.	Die Gefahr, sich zu verlaufen, ist sehr gering.

Formen

to think about going to look forward to going to worry about going to insist on doing to believe in doing	überlegen zu gehen sich darauf freuen zu gehen sich Sorgen machen zu gehen darauf bestehen, etwas zu tun daran glauben, etwas zu tun	• Verben mit Präpositionen • Auch: *to agree with, to talk about, to succeed in*
interested in going crazy about going tired of doing good at doing used to doing	interessiert daran zu gehen verrückt danach zu gehen müde, etwas zu tun gut darin, etwas zu tun es gewohnt sein, etwas zu tun	• Adjektive mit Präpositionen • Auch: *afraid of, fond of, bad at, proud of, famous for*
the advantage of going the chance of going the danger of going the possibility of doing the idea of doing the problem of doing	der Vorteil daran zu gehen die Chance zu gehen die Gefahr zu gehen die Möglichkeit, etwas zu tun die Idee, etwas zu tun das Problem, etwas zu tun	• Nomen mit Präpositionen • Auch: *hope of, opportunity of, difficulty in, reason for, interest in*

Merke: Gerundium / *-ing*-Form:

- nach Verben mit Präpositionen
- nach Adjektiven mit Präpositionen
- nach Nomen mit Präpositionen

Test yourself

1. *Put the sentences together.*
   a. Charlotte is very interested …
   b. So she's looking forward …
   c. And she's crazy …
   d. But she's tired …
   e. They'll insist …

   1) … of listening to all her parents' tips.
   2) … on phoning her every day.
   3) … to visiting friends in California.
   4) … about seeing real bears.
   5) … in finding out about other countries.

2. *Nenne einige Verbindungen mit Präpositionen und Gerundium, die du kennst.*

6.0 Sätze und Satzverbindungen
Sentences and compound sentences

Was sind Sätze?

Wie im Deutschen gibt es auch im Englischen mehrere Satztypen: Aussagesätze, Fragesätze, verneinte Sätze, Hauptsätze und Nebensätze.
- Im Englischen ist die Satzstellung in Aussagesätzen immer gleich, egal ob es sich um einen Haupt- oder Nebensatz handelt: 1. Subjekt, 2. Verb, 3. Objekt.
- Das Objekt wird nicht vom Verb getrennt.
- Im Deutschen ist die Satzstellung je nach Kontext oder Satztyp unterschiedlich.

Satzverbindungen

Einzelne Sätze können zu einem komplexen Satz verbunden werden.
- Satzverbindungen können entweder aus **mehreren Hauptsätzen** oder aus einer Kombination von **Haupt- und Nebensätzen** bestehen.
- Hauptsätze können – auch wenn sie von *and*, *but* oder *so* eingeleitet werden – allein stehen, weil sie für sich genommen vollständig sind und einen Sinn ergeben.
- Nebensätze sind allein unvollständig und müssen mit Hauptsätzen verbunden sein. Sie werden in der Regel von Konjunktionen eingeleitet, z. B. *although*, *if*, *because* oder *when*.
- Nebensätze können auch von Relativpronomen wie *who* oder *which* eingeleitet werden.

Satzstellung in Aussagesätzen

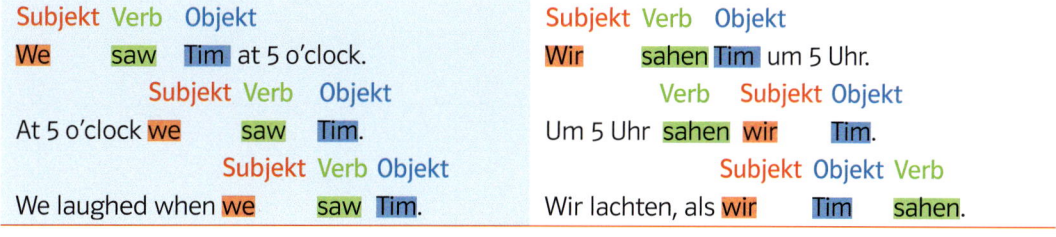

6 Sätze

Formen

Satzverbindungen mit Hauptsätzen	Julie trained for months, **and** she even bought expensive trainers, **but** she didn't win the race. Julie trained for months. **And** she even bought expensive trainers. **But** she didn't win the race.	Julie hat monatelang trainiert und sie hat sich sogar teure Sportschuhe gekauft, aber sie hat das Rennen nicht gewonnen.
Satzverbindungen mit Haupt- und Nebensätzen	**Although** Julie had trained for months, she didn't win the race. Julie bought a pair of expensive trainers **because** she wanted to win the race. **If** she had won the race, she would have been very happy.	Obwohl Julie monatelang trainiert hatte, hat sie hat das Rennen nicht gewonnen. Julie hat sich teure Sportschuhe gekauft, weil sie das Rennen gewinnen wollte. Wenn sie das Rennen gewonnen hätte, wäre sie sehr glücklich gewesen.
Satzverbindungen mit Relativpronomen	The girl **who** has just arrived goes to my school. The Bensons have got three dogs **which** they take everywhere with them.	Das Mädchen, das gerade angekommen ist, geht in meine Schule. Die Bensons haben drei Hunde, die sie überall hin mitnehmen.

6.1 Sätze mit Konjunktionen
Sentences with conjunctions

Although they didn't have much money, they went on holiday to France.

Gebrauch

Mit Konjunktionen kannst du …
- Sätze oder Satzteile miteinander verbinden. Damit werden deine Texte oder Erzählungen interessanter und lassen sich besser lesen.
- Es gibt zwei Arten von Konjunktionen: Konjunktionen, die einen **Hauptsatz einleiten**, und Konjunktionen, die einen **Nebensatz einleiten**.
- Konjunktionen, die einen Hauptsatz einleiten, sind: *and, but, or, so*.
- Konjunktionen, die einen Nebensatz einleiten, sind: *after, although, because, while, as long as, as soon as, before, if, that, until, when*.
- Hauptsätze können, auch wenn sie von Konjunktionen eingeleitet werden, allein stehen, Nebensätze nicht.
- Es gelten folgende Kommaregeln:
    1. Hauptsatz **Komma** Hauptsatz,
    2. Hauptsatz Nebensatz (ohne Komma),
    3. Nebensatz **Komma** Hauptsatz.

Hauptsätze mit Konjunktionen

He lives in London, **and** he works as a hairdresser.	Er lebt in London und er arbeitet als Friseur.
We wanted to get tickets for the concert, **but** we weren't able to get any.	Wir wollten Karten für das Konzert, aber wir haben keine bekommen.
You can do a puzzle, **or** you can read a book.	Du kannst ein Puzzle machen oder (du kannst) ein Buch lesen.
They are going away for the weekend, **so** they can't come to the party.	Sie sind am Wochenende weg, sodass sie nicht zur Party kommen können.

6 Sätze

Nebensätze mit Konjunktionen

After she had finished her homework, she phoned her friend.	Nachdem sie die Hausaufgaben fertig hatte, rief sie ihre Freundin an.
Although they didn't have much money, they went on holiday to France.	Obwohl sie nicht viel Geld hatten, machten sie in Frankreich Urlaub.
They can't come to the party **because** they are going away for the weekend.	Sie können nicht zur Party kommen, weil sie am Wochenende weg sind.
We met Fiona **while** we were waiting for the bus.	Wir trafen Fiona, während wir auf den Bus warteten.
You will be successful **as long as** you practise every day.	Du wirst erfolgreich sein, so lange du täglich übst.
I'll send her an e-mail **as soon as** I have time.	Ich schicke ihr eine E-Mail, sobald ich Zeit habe.
I'll clean the kitchen **before** Mum comes back.	Ich mache die Küche sauber, bevor Mama zurückkommt.
She wanted to know **if** I had time to help her.	Sie wollte wissen, ob ich Zeit hätte, ihr zu helfen.
Could you tell everyone **that** dinner is ready, please?	Könntest du bitte allen sagen, dass das Essen fertig ist?
I'll wait for her **until** she finishes work.	Ich warte auf sie, bis sie mit der Arbeit fertig ist.
When they arrive, we can go to the cinema.	Wenn sie angekommen sind, können wir ins Kino gehen.

Test yourself

1. *Which conjunction is correct? Underline.*
a. Malcolm has broken his leg (because – or – so) he can't play in the game.
b. The boys would clean up the apartment (although – before – if) they had time.
c. Claire is always very busy (after – but – until) she has promised to come to the next meeting.
d. Many students would like to go abroad (after – and – while) they have finished school.
e. Kelly wants to become a doctor (although – because – until) she is interested in helping sick people.

2. *Sage, welche Konjunktionen es gibt und wann sie benutzt werden.*

6.2 Relativsätze
Relative clauses

Gebrauch

Du verwendest Relativsätze, wenn du eine Person oder eine Sache in einem Hauptsatz näher erklären oder beschreiben willst.
- Die Person oder Sache, die mithilfe des Relativsatzes näher erklärt wird, kann sowohl Subjekt oder Objekt des Hauptsatzes sein.
- Relativsätze werden in der Regel durch ein **Relativpronomen** eingeleitet. Relativpronomen sind: *who*, *which*, *that* und *whose*.
- *Who* verwendest du für Personen, *which* nur für Dinge, *that* für Personen und Dinge. Mit *whose* für Personen und Dinge drückst du eine Zugehörigkeit aus.
- Das Relativpronomen kann auch weggelassen werden, aber nur wenn *who*, *which* oder *that* Objekt und nicht Subjekt im Relativsatz sind.
- Zwischen Hauptsatz und Relativsatz steht kein Komma, wenn der Relativsatz für den Hauptsatz notwendige Informationen enthält.
- Zwischen Hauptsatz und Relativsatz steht ein Komma, wenn der Hauptsatz auch für sich allein stehen kann und der Relativsatz nur zusätzliche Informationen enthält.

Sätze

Relativsatz mit notwendigen Informationen

That's the woman **who** found our cat in her garden.	Das ist die Frau, die unsere Katze in ihrem Garten gefunden hat.
Helen works for a company **which** makes car engines.	Helen arbeitet für eine Firma, die Automotoren herstellt.
The Smiths are the people **whose** son is in the same class as Laura.	Die Smiths sind die Familie, deren Sohn in die gleiche Klasse geht wie Laura.

Relativsatz mit zusätzlichen Informationen

English, **which** is spoken by millions of people, is a global language.	Englisch, das von Millionen Menschen gesprochen wird, ist eine Weltsprache.
Captain Cook, **who** sailed from England in 1768, claimed Australia for Britain in 1770.	Captain Cook, der 1768 von England losgesegelt ist, erhob für Großbritannien 1770 Anspruch auf Australien.

Relativsätze mit oder ohne Relativpronomen

A mobile phone is a phone **that** you can carry with you.	Ein Handy ist ein Telefon, das man mitnehmen kann.
A mobile phone is a phone you can carry with you.	

Das Pronomen *that* (= das Mobiltelefon) ist Objekt des Relativsatzes. Es kann stehen oder weggelassen werden.

Test yourself

1. *Put in the correct relative pronoun:* who, which *or* whose.
   a. Last year I took part in an exchange … my teacher organized.
   b. I stayed with a boy … uncle worked for a movie company.
   c. I met lots of people … had spent vacations in England.
   d. I especially enjoyed one trip … we made to the coast.
   e. I made friends with some people … showed me how to surf.
   f. This is the backpack … I bought in Los Angeles.

2. *Formuliere die wichtigsten Regeln der Relativsätze in eigenen Worten.*

6.3 Bedingungssätze
Conditional sentences

Gebrauch

Bedingungssätze bestehen aus zwei Teilen: dem *if*-Satz und dem Hauptsatz.
- Im *if*-**Satz** drückst du eine Bedingung aus.
- Im **Hauptsatz** sagst du, was passiert, wenn diese Bedingung erfüllt wird.
- Der *if*-Satz kann vor oder nach dem Hauptsatz stehen.
- Es gibt drei Typen von Bedingungssätzen, je nach dem, wie wahrscheinlich die Erfüllung der Bedingung ist.
- Beim Typ 1 (mit *will* im Hauptsatz) geht es um eine wahrscheinliche Situation.
  Die Bedingung, die im *if*-Satz formuliert wird, gilt als erfüllbar.
- Im Hauptsatz können statt des *will-future* auch die modalen Hilfsverben *can* oder *must* stehen.
- Im Hauptsatz kann auch das *simple present* stehen, wenn es sich um eine Gesetzmäßigkeit handelt. (*If plants don't get enough water, they die.*)
- Beim Typ 2 (mit *would* im Hauptsatz) geht es um eine theoretisch mögliche, aber relativ unwahrscheinliche Situation.
- Merke dir den Ausdruck: *If I were you, I'd …* (An deiner Stelle würde ich …)
- Beim Typ 3 (mit *would have* + Partizip Perfekt im Hauptsatz) geht es um eine Situation, die bereits in der Vergangenheit liegt und damit nicht mehr eintreten kann.
  Die Bedingung gilt als nicht mehr erfüllbar.
- Steht der *if*-Satz am Anfang, dann brauchst du ein Komma vor dem Hauptsatz.
- Unterscheide *if* und *when*: *if* = wenn, falls; *when* = wenn (zeitlich)

Sätze

Bedingungssätze Typ 1

If you **don't arrive** on time, you **won't** get a seat.	Wenn du nicht pünktlich kommst, wirst du keinen Sitzplatz bekommen.
You **can** call me on my mobile if you **get lost**.	Du kannst mich auf dem Handy anrufen, wenn du dich verirrst.

Bedingungssätze Typ 2

Everybody **would be** very sad if Connie **didn't come** to the party.	Alle wären sehr traurig, wenn Connie nicht zur Party käme.
If it **was** warmer, we**'d** all **go** to the beach.	Wenn es wärmer wäre, würden wir alle zum Strand gehen.
If I **were** you, I **wouldn't drive** so fast.	An deiner Stelle würde ich nicht so schnell fahren.

Bedingungssätze Typ 3

If Mary **hadn't eaten** so much ice-cream, she **wouldn't have been** so sick.	Wenn Mary nicht so viel Eis gegessen hätte, wäre ihr nicht so schlecht gewesen.
I **would have liked** the movie better if there **had been** more action.	Der Film hätte mir besser gefallen, wenn es mehr Action gegeben hätte.

Formen

Typ 1	erfüllbare Bedingung im *if*-Satz: *simple present*	Folge im Hauptsatz: *will-future*
	If Ken trains every day, (Wenn Ken jeden Tag trainiert,	he'll win the race. wird er das Rennen gewinnen.)
Typ 2	nur theoretisch erfüllbare Bedingung im *if*-Satz: *simple past*	Folge im Hauptsatz: *would + Infinitiv*
	If Ken trained every day, (Wenn Ken jeden Tag trainierte,	he would win the race. würde er das Rennen gewinnen.)
Typ 3	nicht mehr erfüllbare Bedingung im *if*-Satz: *past perfect*	Folge im Hauptsatz: *would have + Partizip Perfekt*
	If Ken had trained every day, (Wenn Ken jeden Tag trainiert hätte,	he would have won the race. hätte er das Rennen gewonnen.)

Test yourself

Formuliere die Regeln für Bedingungssätze mit eigenen Worten.

6.4 Sätze mit Partizipien
Sentences with participles

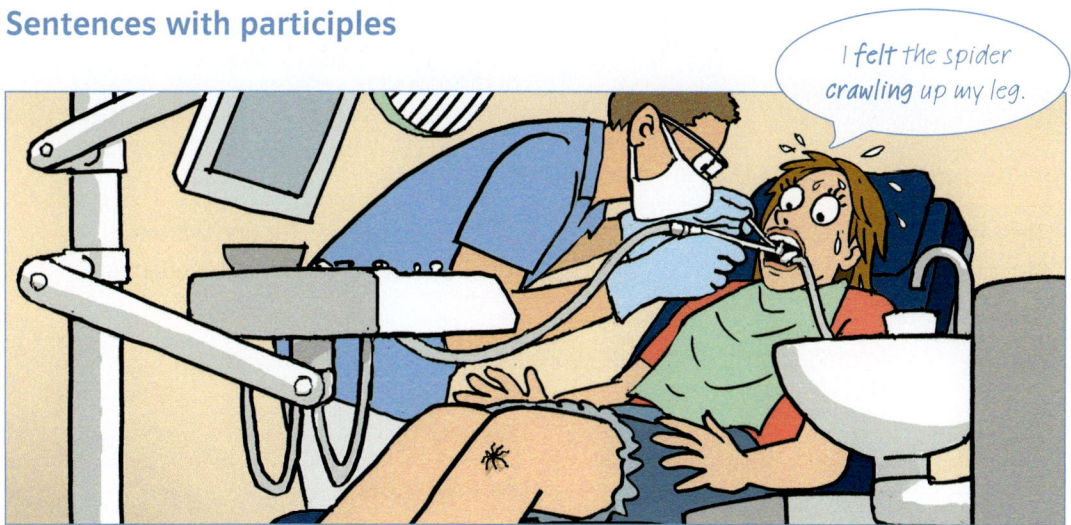

Gebrauch

Anstelle eines Relativsatzes mit *who, which* oder *that* kannst du auch eine Konstruktion mit einem Partizip verwenden.
- Das **Partizip Präsens** (*present participle*: Infinitiv + *-ing*) ersetzt eine **aktive Zeitform**.
- Das **Partizip Perfekt** (*past participle*: 3. Form des Verbs) ersetzt eine **passive Zeitform**.
- Diese Verwendung von Partizipien als verkürzte Relativsätze findet man häufig in offiziellen Mitteilungen und anderen Sachtexten.
- Das Partizip Präsens kann auch nach bestimmten Verben der Wahrnehmung stehen (*to see, to hear, to feel*).
- Es kann auch nach Verben der Ruhe (*to sit, to stand*) und der Bewegung (*to come, to go*) stehen, um zwei gleichzeitig ablaufende Handlungen zu beschreiben.

Das Partizip Präsens statt Relativsatz

Visitors **wanting** to visit the castle can buy tickets here.	Besucher, die die Burg besichtigen möchten, können hier Eintrittskarten kaufen.

Das Partizip Perfekt statt Relativsatz

All the goods **sold** in this store come from Asia.	Alle Waren, die in diesem Geschäft verkauft werden, kommen aus Asien.
Some movies **shown** on TV are boring.	Einige Filme, die im Fernsehen gezeigt werden, sind langweilig.

6 Sätze

Das Partizip Präsens nach Verben der Wahrnehmung

| I **felt** the spider **crawling** up my leg. | Ich spürte, wie die Spinne an meinem Bein hochkrabbelte. |

Das Partizip Präsens nach Verben der Ruhe und der Bewegung

| They **stood waiting** at the door.
Tim **came running** down the stairs. | Sie standen an der Tür und warteten.
Tim kam die Treppe hinuntergelaufen. |

Formen

Relativsatz	Partizip
aktiv	Partizip Präsens
The boy **who is sitting** on the wall looks like Harry Potter. People **that live** near airports complain about the noise.	The boy **sitting** on the wall looks like Harry Potter. People **living** near airports complain about the noise.
passiv	Partizip Perfekt
Children **who are interested** in animals will enjoy this book. The police have dogs **which are trained** to sniff out drugs.	Children **interested** in animals will enjoy this book. The police have dogs **trained** to sniff out drugs.

Test yourself

1. *Complete the sentences with a participle.*
   a. Come and spend a vacation in our wonderful castle … in the 17th century.   **build**
   b. Visitors may enjoy food … on our land.   **produce**
   c. The mountains … from the castle are 1,000 m high.   **see**
   d. We organize courses for teenagers … to draw and paint.   **learn**
   e. People … to take photos must ask for permission.   **wish**

2. *Erkläre den Gebrauch von Partizipien mit eigenen Worten.*

6.5 Die indirekte Rede
Reported speech

Gebrauch

Wenn man berichten will, was jemand sagt oder gesagt hat, benutzt man die indirekte Rede.
- Die indirekte Rede wird meistens mit einem Verb wie z. B. *to say, to tell* eingeleitet.
- Bei der Umformung in die indirekte Rede muss man wie im Deutschen die Pronomen und die Begleiter verändern, damit sie zum Standpunkt des Berichtenden passen.
- Wenn man sofort wiedergibt, was jemand sagt, steht das einleitende Verb im *simple present* (z.B. *says, tells*).
- Wenn erst später über das Gesagte berichtet wird, steht das einleitende Verb im *simple past* (z. B. *said, told*).
- Bei der Umformung von der direkten in die indirekte Rede kommt es zu einer Verschiebung der Zeiten in die nächst fernere Vergangenheit (z. B. „*I saw*" wird *he had seen*).
- Außerdem müssen oft Zeitangaben verändert werden (*tomorrow* wird *the next day*).
- Bei Fragen in der indirekten Rede gelten dieselben Regeln für die Verschiebung der Zeiten.
- Fragen ohne Fragewort (Entscheidungsfragen) werden in der indirekten Rede mit *if* oder *whether* eingeleitet.
- Bei Fragen mit Fragewort wird das Fragewort in der indirekten Rede beibehalten.
- Die Wortstellung in indirekten Fragesätzen ist dieselbe wie in Aussagesätzen. Am Ende steht kein Fragezeichen.
- Aufforderungen in der indirekten Rede werden durch einen Infinitiv mit *to* wiedergegeben (*he asked us to come*).

Veränderung von Pronomen und Begleitern

Marcus: "I'll lend you **my** bike."	Marcus: „Ich leihe dir mein Fahrrad."
Marcus says he'll lend me **his** bike.	Marcus sagt, er leiht mir sein Fahrrad.

6 Sätze

Verschiebung der Zeiten nach einem einleitenden Verb in der Vergangenheit

Cathy: "I **bought** a new bag this morning."	Cathy told me that she **had bought** a new bag that morning.	Cathy erzählte mir, dass sie an jenem Vormittag eine neue Tasche gekauft hätte.
Cathy: "I'**ll** show it to you tomorrow."	She said she **would** show it to me the next day.	Sie sagte, sie würde sie mir am folgenden Tag zeigen.

Fragen in der indirekten Rede

I: "Colin, **do** you **know** Sam's phone number**?**"	I asked Colin **if** he **knew** Sam's phone number**.**	Ich fragte Colin, ob er Sams Telefonnummer wüsste.
Colin: "**Why didn't** you **ask** Sam yesterday**?**"	Colin wanted to know **why** I **hadn't asked** Sam the day before**.**	Colin wollte wissen, warum ich Sam am Vortag nicht danach gefragt hätte.

Aufforderungen in der indirekten Rede

Instructor: "**Put on** your helmets, please."	The instructor asked us **to put on** our helmets.	Der Ausbilder bat uns, unsere Helme aufzusetzen.
Instructor: "**Don't worry** about the noise."	He told us **not to worry** about the noise.	Er sagte, wir sollten uns wegen des Lärms keine Sorgen machen.

Formen

direkte Rede	indirekte Rede
Sam: "Some of my relatives **live** in Canada."	Sam said that some of his relatives **lived** in Canada.
simple present →	simple past
Sam: "We'**re planning** a trip to Vancouver."	He told me they **were planning** a trip to Vancouver.
present progressive →	past progressive
Sam: "My sister **has** never **been** there before."	He said his sister **had** never **been** there before.
present perfect →	past perfect
Sam: "I once **stayed** with my cousins in Vancouver."	He explained that he **had** once **stayed** with his cousins in Vancouver.
simple past →	past perfect
Sam: "I'**ll** be happy to see the city again!"	He added that he **would** be happy to see the city again.
will →	would

Sätze 6

Fragen	
Lynn: "Have you ever played ice-hockey?"	Lynn asked **if** I had ever played ice-hockey.
Lynn: "**What** are you planning for your vacation?"	She wanted to know **what** I was planning for my vacation.
Aufforderungen	
Lynn: "**Send** me some photos."	She asked me **to send** her some photos.
Lynn: "**Don't forget** my mobile number!"	She told me **not to forget** her mobile number.
Zeitangaben	
here	there
today	that day
this evening	that evening
yesterday	the day before
tomorrow	the next day
next week / month / …	the following week / month / …

Test yourself

1. *Read what Cindy said to Jess. What did Jess report to her friends?*
a. "I'm learning to play the guitar." – Cindy said that she … to play the guitar.
b. "Kevin sold me his old guitar." – She told me that … .
c. "He plays in a band." – Cindy explained that … .
d. "Have you ever heard Kevin's band?" – She asked me … .
e. "I believe they will be famous one day." – Cindy said she believed that … .

2. *Erkläre die wichtigsten Regeln der indirekten Rede mit eigenen Worten.*

7 Zeiten

7.0 Zeiten
Tenses

Was sind die Zeiten?

Bei den Zeitformen der Verben unterscheidest du drei Bereiche: die Vergangenheit – die Gegenwart – die Zukunft.
Vergangenheit: *Yesterday Jim **was** in Rome.*
Gegenwart: *Today he **is** here in London.*
Zukunft: *Next week he**'ll be** in Paris.*

- Zwei Zeitformen im Englischen bestehen aus einem einzelnen Wort: die einfache Form der Gegenwart und die einfache Form der Vergangenheit.
- Alle anderen Zeitformen im Englischen bildest du mit Hilfsverb + Vollverb.
- Zwei Zeitformen der Vergangenheit, die mit *to have* + Vollverb gebildet werden, sind das Perfekt und die vollendete Vergangenheit.
- Es gibt im Englischen verschiedene Möglichkeiten, über die Zukunft zu sprechen, je nachdem, ob es sich um eine Vorhersage, eine Absicht oder eine Verabredung handelt.
- Zu den meisten Zeitformen gibt es eine einfache Form und eine Verlaufsform.

Vergangenheit und Gegenwart – Zeitformen aus einem einzelnen Wort

We **live** in Birmingham.	Wir leben in Birmingham.
Nora **speaks** Welsh.	Nora spricht Walisisch.
Josh **lived** here once.	Josh hat hier mal gelebt.
Kate **spoke** to the manager.	Kate hat mit dem Manager gesprochen.

Vergangenheit und Gegenwart – Zeitformen aus Hilfsverb und Vollverb

They **have opened** a new shop.	Sie haben ein neues Geschäft eröffnet.
When Ken arrived at the party, most of the guests **had** already **left**.	Als Ken bei der Party ankam, waren die meisten Gäste schon gegangen.

Zukunft

Gavin **will be** 17 next month. (= Vorhersage)	Gavin wird nächsten Monat 17.
Peter is **going to start** his own online business. (= Absicht)	Peter wird seinen eigenen Online-Shop eröffnen.
Susan **is meeting** her aunt after school tomorrow. (= Verabredung)	Susan wird morgen nach der Schule ihre Tante treffen.

Zeiten 7

Einfache Form und Verlaufsform

Cliff **eats** a lot of fruit.	Cliff isst viel Obst.
He**'s eating** an apple at the moment.	Im Moment isst er einen Apfel.
Kate **has** never **watched** a boxing match.	Kate hat noch nie einen Boxkampf gesehen.
Amy **has been watching** TV for the past three hours.	Amy sieht schon seit drei Stunden fern.
They **left** the house at one o'clock.	Sie haben das Haus um ein Uhr verlassen.
I **was** just **leaving** the room when the phone rang.	Ich verließ gerade den Raum, als das Telefon klingelte.

Formen

Vergangenheit („zuvor")	Gegenwart („jetzt")	Zukunft („später")
he stayed	he lives	he'll travel
he was staying	he is living	he is travelling
he has stayed		he is going to travel
he has been staying		
he had stayed		

7.1 Die einfache Form der Gegenwart
The simple present

She **usually goes** jogging in Central Park.

Gebrauch

- Mit dem *simple present* kannst du ausdrücken, dass etwas **regelmäßig, aus Gewohnheit, oft, manchmal** oder **nie** geschieht.
- Signalwörter für den Gebrauch des *simple present* sind: *usually*, *every* (*day*, *week*, *month*), *often, always, sometimes, never*.
- Mit dem *simple present* kannst du auch ausdrücken, dass etwas eine Tatsache ist.
- Du benutzt das *simple present* auch, um eine Inhaltsangabe zu machen und eine Geschichte, einen Witz oder Ähnliches zu erzählen.
- Das *simple present* wird auch verwendet, wenn es um feste Termine geht, wie in Fahrplänen (z. B. Züge) oder in Programmen (z. B. Kino). Im Deutschen benutzt man hier auch die Gegenwart.

Gewohnheiten

Tourists **often visit** the Empire State Building.	Touristen besuchen oft das Empire State Building.
She **usually goes** jogging in Central Park.	Sie geht regelmäßig im Central Park joggen.

Zeiten 7

Tatsachen

New York **is** a very big city. More than eight million people **live** there.	New York ist eine sehr große Stadt. Mehr als acht Millionen Menschen leben dort.

Inhaltsangaben

Harry Potter is about a boy whose life suddenly **changes** on his 11th birthday. This is when he **finds out** that he **is** really a wizard.	Harry Potter handelt von einem Jungen, dessen Leben sich an seinem 11. Geburtstag plötzlich ändert. An diesem Tag findet er heraus, dass er in Wirklichkeit ein Zauberer ist.

Feste Termine

My train **leaves** at 10:15. It **arrives** at 14:35. The game **starts** at 15:30.	Mein Zug fährt um 10:15 Uhr ab. Er kommt um 14:35 Uhr an. Das Spiel beginnt um 15:30 Uhr.

Formen

Du bildest das *simple present* mit der Grundform (*Infinitiv*) der Verben. In der dritten Person wird ein *-s* angehängt.
Für Fragen und Verneinung brauchst du das Hilfsverb *to do* (für die dritte Person *does*; sonst *do*).

I understand	ich verstehe		
you understand	du verstehst		
he, she understand**s**	er, sie versteht	•	*He, she, it*, das *-s* muss mit.
we understand	wir verstehen		
you understand	ihr versteht		
they understand	sie verstehen		

Merke: *Simple present*, wenn …

- etwas regelmäßig, aus Gewohnheit, oft, manchmal, nie geschieht.

Test yourself

Erkläre mit eigenen Worten, wann du das simple present verwendest.

7.2 Die Verlaufsform der Gegenwart
The present progressive

Gebrauch

- Mit dem *present progressive* kannst du ausdrücken, dass etwas **gerade geschieht** und **noch nicht zu Ende** ist. Im Deutschen gibt es diese Zeitform nicht.
- Bei der Übersetzung werden häufig Ausdrücke wie „gerade" oder „jetzt" hinzugefügt.
- Signalwörter für den Gebrauch des *present progressive* sind: *at the moment, now, just, today, this afternoon*, …
- Mit dem *present progressive* kannst du auch ausdrücken, dass Handlungen vorläufig oder vorübergehend sind.
- Du benutzt das *present progressive* auch, um Bilder oder Szenen zu beschreiben.
- Du kannst das *present progressive* nicht bei allen Verben benutzen. Hilfsverben wie *can, must, to be* oder *to have got* haben keine Verlaufsform.
- Auch Verben, die Vorlieben oder Abneigung ausdrücken, haben keine Verlaufsform: *to like, to want, to hate*, …

Etwas geschieht gerade

The phone **is ringing**. Can you answer it? – Sorry, I can't. I**'m washing** my hair.	Das Telefon klingelt. Kannst du rangehen? – Nein, tut mir leid. Ich wasche gerade meine Haare.
Hello Brenda, where **are** you **going**?	Hallo Brenda, wohin gehst du?

Vorläufige Handlungen

We **are living** in Brisbane at the moment, but we hope to move soon. Can you call again later? I'**m** still **working** on my project.	Wir wohnen jetzt in Brisbane, aber wir hoffen, dass wir bald umziehen. Kannst du später noch mal anrufen? Ich arbeite noch an meinem Projekt.

Bilder oder Szenen

Two boys **are playing** football in the garden. Their dog **is running** after the ball.	Zwei Jungen spielen im Garten Fußball. Ihr Hund läuft einem Ball nach.

Verben ohne Verlaufsform

What **have** you **got**? – I'**ve got** the tickets, the address and a map. What kind of music **do** you **like** at the moment? – I **like** rock, but I **hate** rap.	Was hast du dabei? – Ich habe die Karten, die Adresse und einen Stadtplan. Was für Musik magst du im Moment? – Ich mag Rock, aber ich hasse Rap.

Formen

Du bildest das *present progressive* mit der Präsensform von *to be* und der *-ing*-Form der Verben.

I'm going	ich gehe (gerade)	• End -e: *phone* → *phoning*
you're going	du gehst (gerade)	• Verdoppelung: *to stop* → *stopping*,
he's, she's going	er, sie geht (gerade)	*to plan* → *planning*
we're going	wir gehen (gerade)	• -ie wird -y: *to lie* → *lying*,
you're going	ihr geht (gerade)	*to die* → *dying*
they're going	sie gehen (gerade)	

Merke: *Present progressive*, wenn …

- etwas gerade geschieht.
- etwas noch nicht zu Ende ist.
- etwas nur vorübergehend ist.

Test yourself

1. *Put in the correct form of the present progressive.*
a. "Hi, Sally, … your homework?"   **you still do**
b. "No, I … to catch my hamsters."   **try**
c. "Why … in their cage?"   **they not sit**
d. "Because I let them out. One of them … under my bed."   **hide**

2. *Erkläre mit eigenen Worten, wie das present progressive gebildet wird und wann du es verwendest.*

7.3 Die einfache Form der Vergangenheit
The simple past

Gebrauch

- Mit dem *simple past* kannst du ausdrücken, dass etwas in der Vergangenheit geschah und **bereits abgeschlossen** und **vorbei** ist.
- Signalwörter für diesen Gebrauch sind: *yesterday*, (*a week, a month, a year*) *ago, last* (*week, month, year*), *in (1968)*
- Du benutzt das *simple past* auch in historischen Erzählungen oder in persönlichen Berichten, wenn du mehrere Ereignisse der Reihe nach erwähnen möchtest.
- Im Deutschen verwendest du oft das Perfekt statt der einfachen Vergangenheitsform – auch zur Übersetzung des *simple past*.

Bereits abgeschlossene Handlungen

What **did** you **do** last summer?	Was habt ihr letzten Sommer gemacht?
– We **went** on a trip downriver.	– Wir haben eine Tour flussabwärts gemacht.
When **was** the accident you **talked** about?	Wann war der Unfall, von dem du geredet hast?
– It **happened** a week ago.	– Er ist vor einer Woche passiert.

Zeiten 7

Erzählungen und Berichte

| In 1845 there **was** a famine in Ireland. So millions of poor and hungry Irish people **left** their country for New York. | 1845 gab es in Irland eine Hungersnot. Deshalb verließen Millionen armer und hungriger Iren ihr Land und gingen nach New York. |
| At first I **thought** the new computer game **was** really exciting. But then I **got** bored. | Zuerst dachte ich, das neue Computerspiel ist richtig spannend. Aber dann langweilte es mich. |

Im Englischen *simple past*, im Deutschen Perfekt

| Why did you stay so long? – We didn't get here until 10 o'clock. | Warum bist du so lange geblieben? – Wir sind doch erst um 10 Uhr gekommen. |

Formen

Du bildest das *simple past* der regelmäßigen Verben, indem du *-ed* an den Infinitiv anhängst. Das *simple past* der unregelmäßigen Verben findest du auf Seite 71 ff.

I started	ich fing an / habe angefangen	• Das *simple past* besteht im
you started	du fingst an / hast angefangen	Englischen immer nur aus
he/she/it started	er / sie / es fing an / hat angefangen	einem Wort.
we started	wir fingen an / haben angefangen	• Es ist für alle Personen gleich.
you started	ihr fingt an / habt angefangen	(Ausnahme: *was/were*)
they started	sie fingen an / haben angefangen	

Merke: *Simple past*, wenn ...

- etwas in der Vergangenheit geschah.
- etwas bereits abgeschlossen ist.

Test yourself

1. *What's that in English? Use the simple past.*
a. Matt wohnte nicht in England.
b. Im Sommer hat er oft Tennis gespielt.
c. Wo arbeitete er letztes Jahr?
d. Warum ist er nach Australien gefahren?
e. Er ist dort nicht sehr lange geblieben.

2. *Erkläre, wann du das simple past verwendest.*

7.4 Die Verlaufsform der Vergangenheit
The past progressive

Gebrauch

- Mit dem *past progressive* kannst du ausdrücken, dass etwas in der Vergangenheit **gerade geschehen** und **noch nicht abgeschlossen** ist. Im Deutschen gibt es diese Zeitform nicht.
- Bei der Übersetzung wird, wie beim *present progressive*, oft der Ausdruck „gerade" hinzugefügt.
- Mit dem *past progressive* kannst du auch ausdrücken, dass eine Handlung noch andauerte, als etwas Neues passierte. Die Konjunktion *while* ist ein Signalwort für diesen Gebrauch des *past progressive*.
- Beachte: Nur die andauernde Handlung steht im *past progressive*, das neue Ereignis steht im *simple past*.

In der Vergangenheit gerade geschehen und nicht abgeschlossen

Did Tina go to the cinema with you? – No, she didn't have time. She **was doing** her homework.	Ist Tina mit euch ins Kino gegangen? – Nein, sie hatte keine Zeit. Sie hat gerade ihre Hausaufgaben gemacht.
It was a crazy situation. The coach **was talking**, but nobody **was listening** to him.	Es war eine verrückte Situation. Der Trainer redete, aber keiner hörte ihm zu.

Zeiten 7

Handlung dauerte noch an – etwas Neues passierte

While we **were having** a picnic, it suddenly started to rain.	Als wir gerade beim Picknick waren, fing es plötzlich an zu regnen.
What **were** you **doing**, when you heard the news?	Was hast du gemacht, als du die Nachricht gehört hast?

Formen

Du bildest das *past progressive* mit der Vergangenheitsform von *to be* und der *-ing*-Form der Verben.

I was going	ich ging (gerade)	• End -e: *to phone* → *phoning*
you were going	du gingst (gerade)	• Verdoppelung: *to stop* → *stopping*,
he / she / it was going	er / sie / es ging (gerade)	*to plan* → *planning*
we were going	wir gingen (gerade)	• -ie wird -y: *to lie* → *lying*,
you were going	ihr gingt (gerade)	*to die* → *dying*
they were going	sie gingen (gerade)	

Merke: *Past progressive*, wenn …

- eine länger andauernde Handlung beschrieben wird.
- etwas Vergangenes noch nicht abgeschlossen ist.
- etwas Vergangenes andauerte, während etwas Neues einsetzte.

Test yourself

1. *Complete the sentences with the past progressive.*
a. When Jessie … her hair, somebody rang the front door bell.   **wash**
b. She opened the door while she … to dry her hair.   **still try**
c. It was Cliff. "I tried to call you but your phone … .   **not work**
d. … anything important when I rang?"   **you do**
e. "Oh no. I … about you!"   **just think**

2. *Erkläre mit eigenen Worten, wie das past progressive gebildet wird und wann du es verwendest.*

7.5 Das Perfekt
The present perfect

Gebrauch

- Mit dem *present perfect* kannst du ausdrücken, dass etwas in der Vergangenheit stattfand und das Ergebnis noch **in der Gegenwart spürbar** oder **sichtbar** ist.
- Dies gilt auch für Handlungen, die gerade erst abgeschlossen wurden.
- Signalwörter für den Gebrauch des *present perfect* sind: *already, just, ever, never, not … yet*.
- Die Signalwörter stehen mit einer Ausnahme immer zwischen *to have* und dem Partizip Perfekt. Die Ausnahme ist *not … yet*.
- Mit dem *present perfect* mit *since* und *for* kannst du ausdrücken, dass ein Zustand, der in der Vergangenheit anfing, schon eine bestimmte Zeit andauert.
- Mit *since* (= seit) wird der Zeitpunkt zu Beginn eines Zeitraums hervorgehoben, mit *for* (= … lang) der gesamte Zeitraum.
- Anders als im Englischen verwendest du im Deutschen die Gegenwart im Zusammenhang mit „seit", nicht das Perfekt.

Das Ereignis ist in der Gegenwart spürbar oder sichtbar

I've **lost** my wallet. (= I don't have it now.)	Ich habe meinen Geldbeutel verloren.
Paul **has had** an accident. He's in hospital now.	Paul hat einen Unfall gehabt. Er ist jetzt im Krankenhaus.
They**'ve** just **arrived**.	Sie sind gerade angekommen.

Stellung der Signalwörter

I've **already** finished my piece of cake. Can I have some more?	Ich habe mein Stück Kuchen schon gegessen. Kann ich noch mehr haben?
I don't know anything about it. I've **just** come home.	Ich weiß davon nichts. Ich bin gerade erst heimgekommen.
We have**n't** been to the Natural History Museum **yet**.	Wir waren noch nicht im Naturkundemuseum.

Das Perfekt mit *since* und *for*

She **has lived** in Paris **since** 2006.	Sie wohnt schon seit 2006 in Paris.
She **has lived** in Paris **for** over five years.	Sie wohnt schon fünf Jahre lang in Paris.
He **has been** here **since** two o'clock.	Er ist schon seit zwei Uhr hier.
He **has been** here **for** 30 minutes.	Er ist schon seit 30 Minuten hier.

Formen

Du bildest das *present perfect* mit der *simple-present*-Form des Hilfsverbs *to have* und dem Partizip Perfekt. Das Partizip kann regelmäßig (Infinitiv + *-ed*) oder unregelmäßig sein. Das Partizip Perfekt der unregelmäßigen Verben findest du auf Seite 71 ff.

I've seen	ich habe gesehen	Vorsicht:
you've seen	du hast gesehen	• he's tried = he has tried (er hat versucht)
he's / she's seen	er / sie hat gesehen	
we've seen	wir haben gesehen	• he's trying = he is trying (er versucht gerade)
you've seen	ihr habt gesehen	
they've seen	sie haben gesehen	

Merke: *Present perfect*, wenn …

- das Ergebnis einer Handlung noch spürbar ist (ich habe gesehen/du hast gesehen/er, sie hat gesehen/wir haben gesehen/ihr habt gesehen/sie haben gesehen).
- ein begonnener Zustand bis jetzt andauert.

Test yourself

1. *Complete the sentences with the words in brackets. Use the present perfect.*
a. Luke … an actor for three years.   **be**
b. He … in London theatres.   **already work**
c. But he … any films.   **not yet make**
d. Some friends … him to take part in their latest film project.   **just ask**
e. … "the role of a criminal, Luke? This is your chance!"   **you ever play**

2. *Erkläre mit eigenen Worten, wie das present perfect gebildet wird und wann du es verwendest.*

7.6 Die Verlaufsform des Perfekts
The present perfect progressive

Gebrauch

- Mit dem *present perfect progressive* kannst du ausdrücken, dass eine Handlung in der **Vergangenheit begonnen** hat und **bis jetzt andauert**.
- Der Gebrauch des *present perfect progressive* ist so ähnlich wie der des *present perfect*. Du verwendest das *present perfect progressive*, wenn du die Dauer einer Handlung betonen willst.
- Wie beim *present perfect*, verwendest du stattdessen im Deutschen oft die Gegenwart.
- Um den Ablauf einer Handlung zu betonen, wird das *present perfect progressive* oft mit Zeitangaben wie *since*, *for* oder *all day* verwendet.
- Mit *since* (= seit) wird der Zeitpunkt zu Beginn eines Zeitraums hervorgehoben, mit *for* (= … lang) der gesamte Zeitraum.

Eine Handlung dauert bis jetzt an

You look very tired. – Yes, I**'ve been working** in the garden. I know. We**'ve been watching** you.	Du siehst sehr müde aus. – Ja, ich habe im Garten gearbeitet. Ich weiß. Wir haben dich beobachtet.

Im Englischen *present perfect progressive*, im Deutschen Gegenwart

What's the weather like? – Oh, it's terrible, it **has been raining** all day.	Wie ist das Wetter? – Oh, es ist schrecklich. Es regnet schon den ganzen Tag.

Zeiten 7

Die Verlaufsform des Perfekts mit *since* und *for*

| Rob is a very good tennis player.
– Yes, he **has been playing since** he was ten.
We**'ve been waiting** for that bus **for** half an hour.
– Yeah, I've had enough. Let's walk. | Rob ist ein sehr guter Tennisspieler.
– Ja, er spielt schon, seit er zehn ist.
Wir warten schon seit einer halben Stunde auf den Bus.
– Ja, mir reicht's. Lass uns zu Fuß gehen. |

Formen

Du bildest das *present perfect progressive* mit der Perfektform von *to be* und der *-ing*-Form.

I've been playing	ich habe gespielt	• End *-e*: to *phone* → *phoning*
you've been playing	du hast gespielt	• Verdoppelung: to *stop* → *stopping*,
he's / she's / it's been playing	er / sie / es hat gespielt	to *plan* → *planning*
we've been playing	wir haben gespielt	
you've been playing	ihr habt gespielt	• *-ie* wird *-y*: to *lie* → *lying*,
they've been playing	sie haben gespielt	to *die* → *dying*

Merke: *Present perfect progressive*, wenn …

- eine begonnene Handlung bis jetzt andauert.
- die Dauer dieser Handlung betont wird.

Test yourself

1. *What's that in English? Use the present perfect progressive.*
a. Du sitzt seit drei Stunden am Computer.
b. Wie lange wohnt Jake schon in Bristol?
c. Die Nachbarn besuchen uns nicht mehr so oft in letzter Zeit (*lately*).
d. Hast du meine Sportschuhe benutzt?
e. Seit einiger Zeit schreiben wir einen Blog über unsere Band.

2. *Erkläre mit eigenen Worten, wie das present perfect progressive gebildet wird und wann du es verwendest*

7.7 Die vollendete Form der Vergangenheit
The past perfect

Gebrauch

Im Englischen gibt es mehrere Möglichkeiten, Vergangenes auszudrücken.
Das *past perfect* verwendest du, …

- um auszudrücken, dass ein Ereignis **weiter** in der Vergangenheit **zurückliegt** als ein anderes.
- Für die vorausgehende Handlung benutzt du das *past perfect*, für die nachfolgende das *simple past*.
- Signalwörter für nacheinander stattfindende Ereignisse sind *after*, *before* und *when*.

Nacheinander stattfindende Ereignisse

Dutch immigrants **had founded** their settlement under the name of New Amsterdam, but later the English **named** it New York.	Holländische Immigranten hatten ihre Siedlung unter dem Namen Neu-Amsterdam gegründet, aber später nannten die Engländer sie New York.
When the immigrants **left** their ships, they sometimes **hadn't eaten** for days.	Wenn die Immigranten ihre Schiffe verließen, hatten sie manchmal tagelang nichts gegessen.

Formen

Du bildest das *past perfect* mit der Vergangenheitsform des Hilfsverbs *to have* und dem Partizip Perfekt.

I had tried	Ich hatte versucht	· Das Partizip kann regelmäßig (Infinitiv + -ed) oder unregelmäßig sein.
you had tried	du hattest versucht	
he / she had tried	er / sie hatte versucht	
we had tried	wir hatten versucht	· Die Formen des Partizip Perfekts der unregelmäßigen Verben findest du auf Seite 71 ff.
you had tried	ihr hattet versucht	
they had tried	sie hatten versucht	

Merke: *Past perfect*, wenn …

- ein Ereignis weiter in der Vergangenheit zurückliegt als ein anderes.

7.8 Das *will*-Futur
The will-future

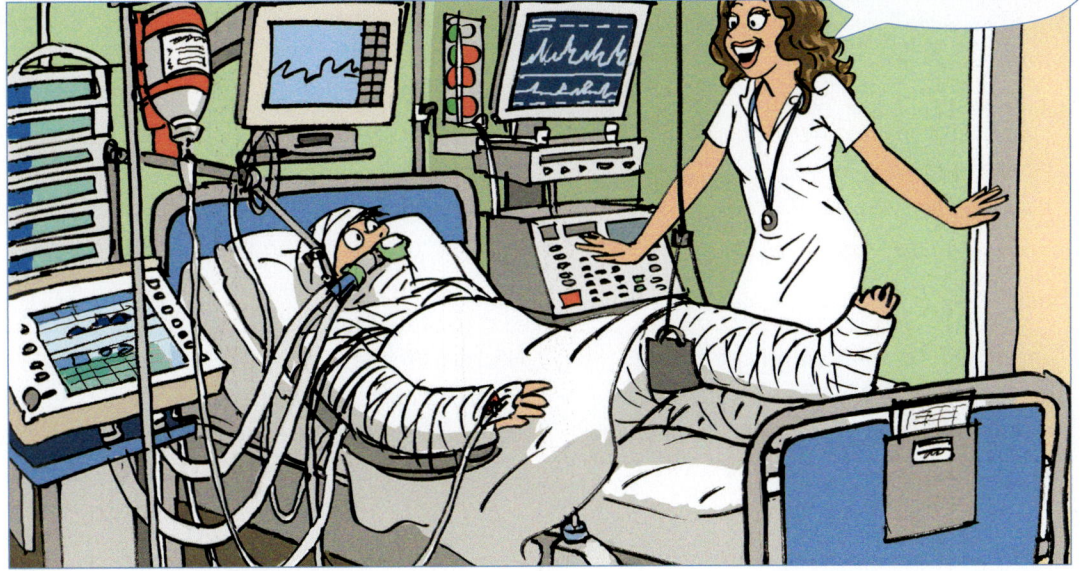

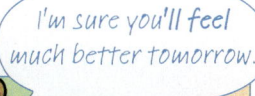

Gebrauch

Im Englischen gibt es mehrere Möglichkeiten, Zukünftiges auszudrücken.
Das *will*-Futur verwendest du, …
- um über etwas zu sprechen, das du nicht beeinflussen kannst, zum Beispiel das Wetter oder das Alter. Es geschieht ganz unabhängig von deinen Plänen.
- wenn du vermutest, dass etwas geschehen wird. Signalwörter für diesen Gebrauch sind: *probably, I think, maybe, I'm sure, I promise, I hope, I know*.
- wenn du dich spontan für etwas entscheidest, z. B. bietest du jemandem deine Hilfe an.
- Im Deutschen verwendest du oft die Gegenwartsform statt des Futurs – auch zur Übersetzung des *will*-Futurs.
- Du kannst das *will*-Futur auch in der Verlaufsform (*will be* + *-ing*-Form der Verben) verwenden.
- Damit drückst du aus, dass jemand zu einem bestimmten Zeitpunkt in der Zukunft dabei sein wird, etwas zu tun.

Nicht planbares Geschehen

It **will be** cold and windy tomorrow.	Morgen wird es kalt und windig (sein).
My grandma **will be** 62 next August.	Meine Großmutter wird nächstes Jahr im August 62.
When **will** you **get** your test back? – I don't know.	Wann bekommt ihr euren Test zurück? – Ich weiß es nicht.

7 Zeiten

Vermutung

| Maybe **we will** meet again. | Vielleicht werden wir uns wiedersehen. |
| I'm sure you**'ll feel** much better tomorrow! | Ich bin sicher, Sie werden sich morgen schon viel besser fühlen. |

Spontane Entscheidung

| I**'ll carry** the bags for you. | Ich trage deine Taschen. |
| It's OK, I**'ll answer** the phone. | Alles klar, ich geh ans Telefon. |

Unmittelbares Geschehen in der Zukunft

| This time next week we **will be sitting** on the plane for New York. | Nächste Woche um diese Zeit sitzen wir im Flugzeug nach New York. |
| At 10 o'clock tomorrow she **will be working**. | Morgen um 10 Uhr wird sie arbeiten. |

Frage und Verneinung

| **Will** we **visit** Harlem, too? | Werden wir auch Harlem besuchen? |
| – No, we **won't**. We **won't** have time. | – Nein. Dafür werden wir keine Zeit haben. |

Formen

Du bildest das *will-future* mit *will* und dem Infinitiv der Verben.

I will go	Ich werde gehen	• Die Form *will* ist für alle Personen gleich.
you will go	du wirst gehen	• Kurzformen:
he / she / it will go	er / sie / es wird gehen	*I'll go, you'll go, we'll go, …*
we will go	wir werden gehen	
you will go	ihr werdet gehen	
they will go	sie werden gehen	

Merke: *will*-Futur, bei …

- nicht planbaren Ereignissen in der Zukunft,
- Vermutungen,
- spontanen Entscheidungen.

Test yourself

Sage mit eigenen Worten, wann du das will-Futur verwendest.

7.9 Das *going to*-Futur
The future with going to

Gebrauch

Im Englischen gibt es mehrere Möglichkeiten, Zukünftiges auszudrücken.
Das *going to*-Futur verwendest du, ...
- wenn du über Pläne und feste Absichten sprichst.
- um über Dinge zu sprechen, die sicher eintreten werden, weil es schon Anzeichen dafür gibt.
- Im Deutschen verwendest du oft die Gegenwartsform statt des Futurs – auch zur Übersetzung des *going to*-Futurs.

Pläne und feste Absichten

I'**m going to buy** a new bike tomorrow.	Ich werde mir morgen ein neues Fahrrad kaufen. / Ich kaufe mir morgen ein neues Fahrrad.
I don't care about the weather. I'**m going to go** sailing this afternoon.	Das Wetter ist mir egal. Ich gehe heute Nachmittag segeln.

Sicher eintretendes Geschehen

Look at those clouds. It'**s going to rain**.	Sieh dir die Wolken an. Es wird regnen.
Watch the steps. You'**re going to fall**.	Pass auf die Stufen auf. Du fällst gleich.

7 Zeiten

Frage und Verneinung

Are you **going to call** him?	Rufst du ihn an?
– Yes, I am. But I'**m not going to do** it now.	– Ja. Aber ich mache es nicht sofort.

Formen

Du bildest das *going to*-Futur mit der Präsensform von *to be*, *going to* + dem Infinitiv der Verben mit *to*.

I'm going to wait	ich werde warten
you're going to wait	du wirst warten
he's / she's going to wait	er / sie wird warten
we're going to wait	wir werden warten
you're going to wait	ihr werdet warten
they're going to wait	sie werden warten

- Frage:
  Is she going to wait?
  Are they going to wait?
- Verneinung:
  She's not going to wait.
  We're not going to wait.

Merke: *going to*-Futur:

- bei Plänen und festen Absichten,
- wenn ein Geschehen sicher eintreten wird.

Test yourself

1. *What's that in English? Use the going-to future.*
a. Ich gehe am Freitag auf Carlas Party.
b. Ziehst du deine neue Jeans an?
c. Ja. Wir schenken Carla eine DVD.
d. Wird sie ihren Bruder einladen?
e. Vielleicht. Ich werde aber nicht mit ihm reden.

2. *Erkläre mit eigenen Worten, wie das going-to future gebildet wird und wann du es verwendest.*

7.10 Weitere Futurformen
Other future forms

Gebrauch

Im Englischen gibt es mehrere Möglichkeiten, Zukünftiges auszudrücken. Meist verwendest du das *will*-Futur oder das *going to*-Futur.
- In bestimmten Fällen kannst du aber auch das *present progressive* oder das *simple present* verwenden.
- **present progressive**: für feste Vereinbarungen. Hier brauchst du eine Zeitangabe der Zukunft (z. B. *tomorrow*), damit man nicht an die Gegenwart denkt.
- **simple present**: für feste Termine. Meistens gibt es hier genaue Zeitangaben wie in Fahrplänen oder Programmen (z. B. Kino).

Feste Vereinbarungen

What **are** you **doing** on Saturday evening? – I'**m meeting** Tom. We'**re watching** a film.	Was machst du am Samstagabend? – Ich treffe mich mit Tom. Wir schauen uns einen Film an.

Feste Termine

When **does** the film **start**? – It **begins** at 6 o'clock.	Wann fängt der Film an? – Er fängt um 6 Uhr an.

Formen

Die Formen des *simple present* findest du auf Seite 126 f, die Formen des *present progressive* auf Seite 128 f.

7.11 Die Zeiten im Vergleich
Using the right tense

Wie wähle ich die richtige Zeit?

Da es im Englischen mehr Zeitformen der Verben gibt als im Deutschen, ist es nicht immer einfach, die richtige Wahl zu treffen. Hier sind zwei Tipps:
1. Achte auf den **Zusammenhang** (= die Situation, die dargestellt wird, bzw. die Sätze davor und danach).
2. Suche nach **Signalwörtern** (= Zeitbestimmungen/Adverbien der Zeit).

Einige Paare von Zeitformen werden besonders oft verwechselt:
- Einfache Gegenwart oder Verlaufsform? (*Simple present or present progressive?*)
  Die einfache Form der Gegenwart zeigt Gewohnheiten an.
  Die Verlaufsform der Gegenwart zeigt unmittelbares Geschehen an.
- Perfekt oder einfache Form der Vergangenheit? (*Present perfect or simple past?*)
  Das Perfekt zeigt noch heute spürbare Ereignisse der Vergangenheit an.
  Die einfache Form der Vergangenheit zeigt bereits abgeschlossene Ereignisse an.
- *Will*-Futur oder *going to*-Futur? (*Will-future or going-to future?*)
  Das *will*-Futur wird hauptsächlich für sicher eintreffende Vorhersagen und Vermutungen über die Zukunft verwendet.
  Das *going to*-Futur wird für Pläne und feste Absichten verwendet.
- Einfache Vergangenheit oder Verlaufsform? (*Simple past or past progressive?*)
  In der einfachen Vergangenheit stehen Handlungen, die bereits abgeschlossen sind.
  Die Verlaufsform drückt aus, dass eine Handlung in der Vergangenheit länger andauerte oder gerade passierte, als eine andere Handlung einsetzte.
- Einfache oder vollendete Vergangenheit? (*Simple past or past perfect?*)
  Mit der einfachen Vergangenheit wird ausgedrückt, dass etwas in der Vergangenheit geschah und bereits abgeschlossen und vorbei ist.
  Mit der vollendete Vergangenheit wird betont, dass ein Ereignis noch vor einem anderen in der Vergangenheit stattgefunden hat.

Einfache Gegenwart oder Verlaufsform?

Is Steve a good football player? – No, he **plays** basketball.	Ist Steve ein guter Fußballspieler? – Nein, er spielt Basketball (aber nicht unbedingt jetzt).
Where's Steve? – He**'s playing** basketball somewhere.	Wo ist Steve? – Er spielt (gerade) irgendwo Basketball.

Zeiten 7

Perfekt oder einfache Form der Vergangenheit?

We can't open the door because we've lost the key.	Wir können die Tür nicht öffnen, weil wir den Schlüssel verloren haben.
Last weekend we lost our keys on the beach.	Letztes Wochenende haben wir unsere Schlüssel am Strand verloren.

Will-Futur oder going to-Futur?

The winner will receive $500.	Der Gewinner wird $500 erhalten.
My parents are going to buy me a ticket for the next concert.	Meine Eltern kaufen mir eine Karte für das nächste Konzert.

Einfache Vergangenheit oder Verlaufsform?

She opened the door and went in.	Sie öffnete die Tür und ging hinein.
Everyone in the room was watching TV.	Alle sahen gerade fern.

Einfache oder vollendete Vergangenheit?

Max couldn't buy anything to drink because he had spent all his money.	Max konnte sich nichts zu trinken kaufen, weil er sein ganzes Geld ausgegeben hatte.

Formen

Die Formen des *simple present* findest du auf Seite 126 f;
die Formen des *present progressive* auf Seite 128 f;
die Formen des *simple past* auf Seite 130 f;
die Formen des *past progressive* auf Seite 132 f;
die Formen des *present perfect* auf Seite 134 f;
die Formen des *will-future* auf Seite 139 f;
die Formen des *going-to future* auf Seite 141 f;
die Formen des *past perfect* auf Seite 138.

7.12 Einfache Gegenwart oder Verlaufsform?
Simple present or present progressive?

Gebrauch

Im Deutschen gibt es anders als im Englischen nur eine Gegenwartsform. Deshalb werden das *simple present* und das *present progressive* oft verwechselt. Hier sind die wichtigsten Unterschiede.
- Im **simple present** stehen Handlungen, die normalerweise oder regelmäßig passieren.
- Auch Fakten und Tatsachen werden immer durch das *simple present* ausgedrückt.
- Für Ereignisse (z. B. Sporttraining), die regelmäßig stattfinden, aber nicht unbedingt in diesem Augenblick, verwendest du das *simple present*.
- Signalwörter für den regelmäßigen Gebrauch sind: *usually, every (day/week/month), often, always, sometimes, never*.

- Im **present progressive** stehen Handlungen, die gerade im Verlauf, d.h. noch nicht beendet, sind und nicht gewohnheitsmäßig passieren.
- Signalwörter für ein unmittelbares Geschehen sind: *look …, just, now, at the moment, today, this (week/month)*.

Das *simple present* = Gewohnheit

She often **plays** basketball.	Sie spielt oft Basketball.
On Monday afternoon I usually **go** swimming.	Montagnachmittags gehe ich gewöhnlich schwimmen.

Zeiten 7

Das *simple present* = Fakten und Tatsachen

Water **boils** at 100° Celsius.	Wasser kocht bei 100°C.
Rice **goes** well with curry.	Reis passt gut zu Curry.

Das *present progressive* = unmittelbares Geschehen

Today she**'s playing** hockey.	Heute spielt sie Hockey.
"Sorry, Melanie – not now. I**'m practising** yoga."	„Tut mir leid, Melanie – nicht jetzt. Ich mache gerade Yoga."
This week they**'re selling** hamburgers for £1.99.	Diese Woche verkaufen sie Hamburger für £1.99.

Formen

Die Formen des *simple present* findest du auf Seite 126 f, die Formen des *present progressive* auf Seite 128 f.

Test yourself

1. *Simple present or present progressive? Put in the right form of the verb.*
  a. "… his homework at the moment?"   **Ken do**
  b. "No, he … at his desk in the afternoon."   **never sit**
  c. "Well, why … football with him outside?"   **you not play**
  d. "Just look out of the window. It … ."   **rain**
  e. My hair … curly when it … wet."   **always go/get**

2. *What's that in English?*
  a. Brenda ist nicht hier. Sie geht gerade mit dem Hund im Park spazieren.
  b. Der Hund läuft immer mit dem Spielzeug der Kinder weg.
  c. Aber er kommt zurück, wenn es etwas zu fressen gibt.
  d. Hör mal! Brenda macht gerade die Tür auf.
  e. Sie bleibt nie sehr lange draußen.

3. *Erkläre mit eigenen Worten, wann du das simple present verwendest und wann das present progressive.*

7.13 Perfekt oder einfache Vergangenheit?
Present perfect or simple past?

Gebrauch

Im Englischen gibt es wie im Deutschen zwei Vergangenheitsformen, das *present perfect* und das *simple past*. Im Englischen wird aber strenger zwischen den beiden Zeitformen unterschieden als im Deutschen, wo das Perfekt häufig auch anstelle der einfachen Vergangenheit benutzt werden kann.

Hier sind die wichtigsten Unterschiede zwischen *present perfect* und *simple past* im Englischen.

- Mit dem **present perfect** drückst du aus, dass etwas in der Vergangenheit stattfand, dessen Ergebnis noch spürbar oder sichtbar ist.
- Das *present perfect* hat also einen Bezug zur Gegenwart und zur Vergangenheit.
- Signalwörter für heute noch spürbare Ereignisse sind: *already, just, ever, never, not … yet*.

- Das **simple past** betont, dass etwas in der Vergangenheit geschah und bereits abgeschlossen und vorbei ist. Es gibt keinen direkten Bezug zur Gegenwart.
- Signalwörter für bereits abgeschlossene Ereignisse sind: *yesterday*, (*a week, a month, a year*) *ago, last* (*week, month, year*), *in* (*1968*).

Zeiten 7

Das *present perfect* = noch spürbare Ereignisse

Have you ever **been** to New York? (= Do you know New York?) – Yes, I'**ve been** there twice. (And maybe I'll go again in the future.) **Have** you **seen** Rachel today? – No, she **hasn't got up** yet.	Bist du jemals in New York gewesen? – Ja, ich bin zweimal dort gewesen. Hast du Rachel heute schon gesehen? – Nein, sie ist noch nicht aufgestanden.

Das *simple past* = bereits abgeschlossene Ereignisse

When **did** you first **go** to New York? – When I **was** 20. **Did** you **see** Rachel this morning before she **went** out? – No, she **left** the house at seven o'clock.	Wann warst du das erste Mal in New York? – Als ich 20 war. Hast du Rachel heute Morgen gesehen, bevor sie weggegangen ist? – Nein, sie hat das Haus um sieben Uhr verlassen.

Formen

Die Formen des *present perfect* findest du auf Seite 134 f, die Formen des *simple past* auf Seite 130 f.

Test yourself

1. *Simple past or present perfect? Put in the correct form of the verb.*
   a. In 2009 Lewis … a band called The Bristol Boys.   **form**
   b. They … their first European tour.   **just finish**
   c. Nick … to all their concerts last year.   **go**
   d. He … them backstage when they … in his town.   **meet/perform**
   e. But Nick can't go to their London concert because he … all his money.   **spend**

2. *Erkläre mit eigenen Worten, wann du das present perfect verwendest und wann das simple past.*

7.14 will-Futur oder going to-Futur?
Future with will or going to?

Gebrauch

Im Deutschen gibt es anders als im Englischen nur eine Zukunftsform. Deshalb werden das *will*-Futur und das *going to*-Futur oft verwechselt. Hier sind die wichtigsten Unterschiede.
- Sicher eintreffende Vorhersagen und Vermutungen über die Zukunft stehen im **will-Futur**.
- Auch spontane Entscheidungen werden durch das *will*-Futur ausgedrückt.
- Signalwörter für Vorhersagen und Vermutungen sind: *next* (*week/year*), *tomorrow, probably, I think, I'm sure*.

- Für Pläne und feste Absichten wird das **going to-Futur** verwendet. Dies gilt auch für Dinge, die sicher eintreten werden, weil es schon Anzeichen dafür gibt.
- Signalwörter für ein sicher eintretendes Geschehen sind: *look …, watch out …* .
- Im Deutschen wird anstelle der Zukunftsform oft auch das Präsens verwendet.

Das will-Futur = Vorhersagen und Vermutungen

Bye, everybody. I**'ll see** you tomorrow.	Tschüss dann. Wir sehen uns morgen.
Here's the agenda. The meeting **will** probably **last** three hours.	Hier ist die Tagesordnung. Die Besprechung dauert voraussichtlich drei Stunden.
You**'ll** never **make** it to San Francisco.	Du wirst es niemals bis nach San Francisco schaffen.

Das *will*-Futur = spontane Entscheidungen

I've forgotten my MP3 player! – I**'ll lend** you mine. It's so warm today. I think we**'ll stay** on the beach a bit longer.	Ich habe meinen MP3-Player vergessen! – Ich leihe dir meinen. Es ist heute so warm. Ich glaube, wir bleiben etwas länger am Strand.

Das *going to*-Futur = Pläne und sicher eintretendes Geschehen

I'm so happy. I**'m going to see** my boyfriend tomorrow. It's five o'clock already. I think it**'s going to be** a long meeting. I**'m going to walk** all the way to San Francisco!	Ich bin so froh. Ich sehe meinen Freund morgen. Es ist schon fünf Uhr. Ich glaube, es wird eine lange Besprechung werden. Ich werde zu Fuß bis nach San Francisco gehen.

Formen

Die Formen des *will*-Futurs findest du auf Seite 139 f, die Formen des *going to*-Futurs auf Seite 141 f.

Test yourself

1. *Complete the sentences with the correct form of the future with will or going to.*
   a. "What are your plans for this afternoon?" – "I … my new skateboard."   **try out**
   b. "I hope the weather … just fine for you."   **be**
   c. "Are you interested in skateboarding? I (show) you how to do it."   **show**
   d. "Er – no thanks. My cousin from Boston is here and I … him to the judo club.   **take**
   e. He's not very good at judo, but I'm sure he … one day!"   **learn**

2. *Erkläre mit eigenen Worten, wann du das will-Futur verwendest und wann das Futur mit going to.*

7.15 Einfache Vergangenheit oder Verlaufsform?
Simple past or past progressive?

She **was trying** to buy a ticket when the ticket machine **stopped** working.

Gebrauch

Wie bei der Gegenwart gibt es im Englischen auch bei der Vergangenheit zwei Formen: *simple past* und *past progressive*. Weil es im Deutschen keine zwei Formen gibt, werden sie leicht verwechselt. Hier sind die wichtigsten Unterschiede.
- Handlungen in der Vergangenheit, die bereits abgeschlossen sind, stehen im **simple past**.
- Dies gilt auch für mehrere, der Reihe nach passierende Ereignisse.

- Um auszudrücken, dass eine Handlung in der Vergangenheit länger andauerte, verwendest du das **past progressive**.
- Wenn du ausdrücken möchtest, dass eine Handlung noch andauerte, während eine neue, kurze Handlung eintrat, benutzt du das *past progressive* für die erste Handlung. Die neu eintretende Handlung wird mit dem *simple past* ausgedrückt.
- Das *simple past* und das *past progressive* kommen oft in einem einzigen Satz vor.
- Signalwörter für die Verknüpfung von *simple past* und *past progressive* sind *when* und *while*. Im *while*-Satz steht das *past progressive*, im *when*-Satz das *simple past*.

Mehrere, der Reihe nach passierende Ereignisse im *simple past*

Carla **opened** the door and **ran** down the road, but a moment later she **heard** a loud scream behind her.	Carla öffnete die Tür und lief die Straße hinunter, aber einen Augenblick später hörte sie hinter sich einen lauten Schrei.

Handlungen, die länger andauerten, im *past progressive*

All the family were at home. Jeff **was reading** his e-mails, Sue **was checking** her make-up and the others **were watching** TV.	Die ganze Familie war zu Hause. Jeff las gerade seine Mails, Sue überprüfte ihr Make-up und die anderen sahen fern.

Was währenddessen geschah

I **got** on my bike and **looked** behind me. A policeman **was looking** at me.	Ich stieg auf mein Fahrrad und schaute mich um. Ein Polizist sah mich an.

Simple past und *past progressive* in einem Satz: andauernde und neu eintretende Handlungen

She **was trying** to buy a ticket when the ticket machine **stopped** working.	Sie versuchte (gerade) sich eine Fahrkarte zu kaufen, als der Fahrkartenautomat kaputt ging.
While the man **was asking** the way, the train **arrived**.	Während der Mann nach dem Weg fragte, fuhr der Zug ein.

Formen

Die Formen des *past progressive* findest du auf Seite 132 f, die Formen des *simple past* auf Seite 130 f.

Test yourself

1. *Simple past or past progressive? Put in the correct form of the verb.*
a. At five o'clock Tina … her laptop and … out.   **switch/go**
b. The sun … and children … outside.   **shine/play**
c. While she … through the station building, she … a strange box under a bench.   **walk/notice**
d. At once she … to tell someone about it.   **decide**
e. She … for an official when a police car … .   **still look/arrive**

2. *Erkläre mit eigenen Worten, wann du das simple past verwendest und wann das past progressive.*

7.16 Einfache oder vollendete Vergangenheit?
Simple past or past perfect?

When Dennis **arrived** at the party, he realized he **had made** a mistake.

Gebrauch

Ereignisse in der Vergangenheit können, von der Gegenwart aus betrachtet, unterschiedlich weit zurückliegen. Wenn du eine zeitliche Abfolge in der Vergangenheit ausdrücken möchtest, benutzt du das *simple past* und das *past perfect*.
Hier sind die wichtigsten Unterschiede.
- Mit dem **simple past** drückst du aus, dass etwas in der Vergangenheit geschah und bereits abgeschlossen und vorbei ist.
- Mit dem **past perfect** betonst du, dass ein Ereignis noch vor einem anderen in der Vergangenheit stattgefunden hat.

- Das *simple past* und das *past perfect* können in einem einzigen Satz benutzt werden.
- Wenn du die zeitliche Abfolge zweier vergangener Ereignisse beschreiben willst, benutzt du für die vorausgehende Handlung das *past perfect*, für die nachfolgende Handlung das *simple past*.
- Signalwörter für nacheinander stattfindende Ereignisse sind *after*, *before* und *when*.

Gestern und vorgestern: zeitliche Abfolge in der Vergangenheit

Did Fiona **come** to the concert yesterday? – Yes, she **did**. **Did** Paul **come** to the concert, too? – No, he **had** already **seen** the band the day before.	Ist Fiona gestern zum Konzert gekommen? – Ja. Ist Paul auch zum Konzert gekommen? – Nein, er hatte die Band schon am Tag vorher gesehen.

Simple past und past perfect in einem Satz: nacheinander stattfindende Ereignisse

| After we **had seen** the show, we **went** to a restaurant. | Nachdem wir die Aufführung gesehen hatten, gingen wir in ein Restaurant. |
| When Dennis **arrived** at the party, he realized he **had made** a mistake. | Als Dennis auf die Party kam, erkannte er, dass er einen Fehler gemacht hatte. |

Formen

Die Formen des *past perfect* findest du auf Seite 138, die Formen des *simple past* auf Seite 130 f.

Test yourself

1. *Simple past or past perfect? Put in the correct form of the verb.*
a. After Dennis … enough money, he … a ticket for his favourite football team.   **earn/buy**
b. He … to a big football match before, so he was very excited.   **never go**
c. When Dennis … at the stadium, the match … .   **arrive/already start**
d. He … next to some other fans after he … a photo of the stadium.   **sit down/take**
e. That evening Dennis … fantastic because his team had won.   **feel**

2. Erkläre mit eigenen Worten, wann du das simple past verwendest und wann das past perfect.

8.0 Fehler vermeiden
How to avoid mistakes

Hier findest du einige Ausdrücke und Fehler, die deutschen Lernern der englischen Sprache oft Schwierigkeiten bereiten. Die Fehler sind in Gruppen zusammengefasst und in der Reihenfolge angeordnet wie die Kapitel dieser Grammatik.

Die Nomen (→ Kapitel 2)

Einige **Nomen** werden im Englischen **nur im Singular** verwendet, ohne *a/an*: *advice, information, homework*. Diese Wörter können im Deutschen im Singular und im Plural stehen.

Ich gebe dir **einige Ratschläge**.	I'll give you **some advice**.
Ich gebe dir **einen Rat**.	I'll give you **a piece of advice**.
	~~I'll give you an advice.~~
Hier ist **eine** wichtige **Information**.	Here's **some** important **information**.
Hier sind **einige Informationen**.	Here are some **items of information**.
	~~Here are some informations.~~

Einige **Nomen** im Singular werden im Englischen oft **im Plural** verwendet, weil sie Menschengruppen bezeichnen: *police, government, team*. Im Deutschen verwendest du diese Nomen im Singular.

Die **Polizei hat** schon alle Nachbarn befragt.	The **police have** questioned all the neighbours.
	~~The police has questioned all the neighbours.~~
Die **Mannschaft ist** auf dem Weg zum Spiel.	The **team are** on **their** way to the match.
	~~The team is on its way to the match.~~

Abstrakte, allgemein gebrauchte **Nomen** stehen **ohne *the***: *love, history, freedom*.

Nur die **Liebe** zählt.	Only **love** counts.
	~~Only the love counts.~~

Fehler vermeiden 8

Die Pronomen (→ Kapitel 2)

Zum Personalpronomen *you* gibt es zwei Reflexivpronomen **yourself** oder **yourselves**, je nachdem, ob das Subjekt im Singular oder im Plural steht.

Los, Kinder, bedient **euch**!	Come on, kids, help **yourselves**! ~~Come on, kids, help yourself!~~

Die **Reflexivpronomen** haben im Englischen **immer** die Endungen **-self** oder **-selves**. Im Deutschen ist das Reflexivpronomen identisch mit der Objektform der Personalpronomen: *me* (= mich), *you* (= dich) usw.

Ich habe **mich** verletzt.	I've hurt **myself**. ~~I've hurt me.~~

Das Possessivpronomen *its* und *it's* (die Form von *to be*) sind leicht zu verwechseln.

Diese Region ist wegen ihrer Seen berühmt.	This region is famous for **its** lakes. ~~This region is famous for it's lakes.~~
Es ist jetzt Zeit zu gehen.	**It's** (= It is) time to go now. ~~Its time to go now.~~

Die Begleiter (→ Kapitel 2)

Ob der unbestimmte Artikel *a* oder *an* verwendet wird, hängt von der **Aussprache** des folgenden Wortes ab, nicht von der Schreibung.

eine Stunde **ein** Kapitel	**an** hour ~~a hour~~ **a** unit ~~an unit~~

Bei **Berufsbezeichnungen** verwendest du anders als im Deutschen den Artikel *a* oder *an*.

Er ist **Friseur**.	He's a **hairdresser**. ~~He's hairdresser.~~

Hier sind weitere „Fallen" im Gebrauch der Artikel. Am besten lernst du diese Ausdrücke auswendig.

dreimal **die** Woche	three times **a** week ~~three times the week~~
5 € **das** Kilo	5 € **a** kilo ~~5 € the kilo~~

8 Fehler vermeiden

Im **Singular** steht immer *this*, im **Plural** *these*.

Ich mag **dieses** Bild.	I like **this** picture.
	~~I like these picture.~~
Wer hat **diese** Blumen mitgebracht?	Who brought **these** flowers?
	~~Who brought this flowers?~~

Vor *own* kann im Englischen nur ein **Possessivbegleiter** stehen. Im Deutschen steht auch der unbestimmte Artikel.

Sie hat **ein eigenes** Zimmer.	She has **her own** room.
	She has a room of **her own**.
	~~She has an own room.~~

Die Adjektive (→ Kapitel 3)

Bei **Vergleichen** von Personen oder Sachen **mit Steigerungsform** verwendest du im Englischen immer *than*, nicht *as*. Achtung: *than* und *then* sind leicht zu verwechseln.

Er ist **größer als** Emily.	He is **taller than** Emily.
	~~He is taller as Emily.~~
Wir machen eine kurze Pause, **dann** machen wir weiter.	We'll take a short break, **then** we'll continue.
	~~We'll take a short break, than we'll continue.~~

Bei **Vergleichen** von Personen oder Sachen **ohne Steigerungsform** verwendest du im Englischen *as* nicht *like*.

Er ist **so groß wie** Emily.	He is **as tall as** Emily.
	~~He is as tall like Emily.~~
Er ist **nicht so groß wie** Emily.	He is **not as tall as** Emily.
	~~He is not as tall like Emily.~~

Einige Adjektive, z. B. **bad** (= schlecht), haben nur im Englischen unregelmäßige Steigerungsformen, im Deutschen nicht.

Ihre neue CD ist **schlechter** als die davor.	Their new CD is **worse** than the one before.
	~~Their new CD is badder than the one before.~~

Fehler vermeiden 8

Mengenangaben (→ Kapitel 3)

Für die deutschen Wörter „viel / viele" gibt es im Englischen zwei Wörter: **much** bei Nomen im Singular, die eine Menge bezeichnen, und **many** bei Nomen im Plural.
Du kannst das Problem vermeiden, indem du statt *much* oder *many* die Ausdrücke
a lot of oder **lots of** benutzt.

Gibst du **viel** Geld für CDs aus?	Do you spend **much** money on CDs? Do you spend **a lot of/lots** of money on CDs? ~~Do you spend many money on CDs?~~
Viele Schüler fahren mit dem Rad zur Schule.	**Many** students cycle to school. **Lots of/A lot of** students cycle to school. ~~Much students cycle to school.~~

Die Verben (→ Kapitel 4)

Bei englischen Vollverben sind im *simple present* alle Formen gleich, bis auf die dritte Person Singular. Bei *he*, *she* und *it* wird ein *-s* an die Grundform angehängt.

Ich arbeite in Liverpool. Wo arbeitest du? – In London. Und Danny? – Danny arbeitet auch in London.	I **work** in Liverpool. Where do you **work**? – In London. And Danny? – Danny **works** in London, too. ~~Danny work in London, too.~~

Das *simple past* hat **nur eine Form** für alle Personen, auch bei den unregelmäßigen Verben.
Ausnahme: *to be – was /were*.

Ich war überrascht.	I **was** surprised. ~~I were surprised.~~
Warst du da?	**Were** you there? ~~Was you there?~~

In *if*-Sätzen kannst du *were* auch in Verbindung mit der ersten und dritten Person Singular verwenden.

Wenn **ich** du **wäre**, würde ich es nicht tun.	If **I were** you, I wouldn't do it. ~~If I was you, I wouldn't do it.~~
Sie würden zum Mars fliegen, wenn **es** möglich **wäre**.	They would fly to Mars if it **were/was** possible.

8 Fehler vermeiden

Viele **Verben** können entweder mit einem **Infinitiv oder** mit der **-ing-Form** verbunden werden. Es gibt dafür wenige Regeln. Versuche, dir die Redewendungen als Ganzes zu merken.

Es macht ihm nichts aus, uns zu helfen.	He doesn't mind helping us.
	~~He doesn't mind to help us.~~
Mick schlug vor, eine Pizza zu bestellen.	Mick suggested ordering a pizza.
	~~Mick suggested to order a pizza.~~
Sie erwarten, dass sie um sechs Uhr ankommen werden.	They expect to arrive at six o'clock.
	~~They expect arriving at six o'clock.~~
Ich möchte deinen Bruder kennen lernen.	I'd like to meet your brother.
	~~I'd like meeting your brother.~~

Wenn du auf Personen oder Dinge hinweisen willst, kannst du im Englischen entweder **there is** oder **there are** benutzen. Das deutsche „es gibt" kann man nicht wörtlich übersetzen.

Es gibt eine neue Disco in der Stadt.	**There's** a new disco in town.
	~~It gives a new disco in town.~~
Es gibt noch viele Karten für das Konzert.	**There are** still a lot of tickets for the concert.
	~~There gives still a lot of tickets for the concert.~~

Die Hilfsverben *must* und *can* werden im Englischen nur in Verbindung **mit einem Vollverb** benutzt. Im Deutschen kann das Vollverb auch entfallen.

Ich **muss** jetzt zum Bahnhof.	I **must go** to the station now.
	~~I must to the station now.~~
Sie **kann** kein Französisch.	She **can't speak** French.
	~~She can't French.~~

Deutsche und englische **Hilfsverben** sehen oft sehr ähnlich aus. Aber Vorsicht! Sie haben nicht immer die gleiche **Bedeutung**.

Ich **will** mir ein neues Rad kaufen.	I **want to** buy myself a new bike.
	~~I will buy myself a new bike.~~
Du **musst** den Hund **nicht** ausführen.	You **needn't** take the dog out.
	~~You mustn't take the dog out.~~

Der Aussagesatz (→ Kapitel 5)

Es gibt im Englischen eine Reihe von Verben mit zwei Objekten, ein Gegenstand und eine Person. Im Englischen wird die **Person** oft das **Subjekt des Passivsatzes**. Im Deutschen ist das nicht möglich.

Sie zeigten **uns** eine Geheimtür. **Uns** wurde eine Geheimtür gezeigt. / Man zeigte **uns** eine Geheimtür. Sie erzählten **ihm** viele Lügen. **Ihm** wurden viele Lügen erzählt. / Man hat **ihm** viele Lügen erzählt.	They showed **us a secret door**. **We** were shown a secret door. Us was shown a secret door. They told **him a lot of lies**. **He** was told a lot of lies. Him was told a lot of lies.

Bei einigen Verben mit zwei Objekten (*to describe*, *to explain*, …), kommt **zuerst der Gegenstand und dann die Person**. Die Person wird **mit** *to* angeschlossen. Im Deutschen kommt zuerst die Person.

Kannst du **mir** bitte das Bild beschreiben?	Can you describe the picture **to me**, please? Can you describe me the picture, please?
Nina erklärte **ihren Eltern** die Situation.	Nina explained the situation **to her parents**. Nina explained her parents the situation.

Im Englischen wird manchmal der **Infinitiv** verwendet, wo im Deutschen ein Nebensatz steht.

Danny möchte, **dass du ihn besuchst**.	Danny wants **you to visit him**. Danny wants that you visit him.
Ich lasse es nicht zu, **dass du gehst**.	I won't **let you go**. I won't let that you go.

8 Fehler vermeiden

Im Englischen gibt es neben *to let* noch mehr Möglichkeiten, **das deutsche „lassen"** auszudrücken.

Linda **ließ mich** das kaputte Fenster **bezahlen**.	Linda **made me pay** for the broken window. ~~Linda let me pay for the broken window.~~
Jedes Jahr **lässt** Max sein Auto **überprüfen**.	Every year Max **has** his car **checked**. ~~Every year Max lets his car check.~~
Max **hat** sein Auto **überprüft**. (= selbst überprüft)	Max **has checked** his car.

Frage und Verneinung (→ Kapitel 5)

Bei Fragen und bei der Verneinung **ohne Hilfsverben** brauchst du im Englischen immer eine Form von **to do**. Im Deutschen ist dies nicht der Fall.

Wo **wohnt** Jason?	Where **does** Jason **live**? ~~Where lives Jason?~~
Ich **verstehe** dein Problem **nicht**.	I **don't understand** your problem. ~~I understand not your problem.~~

Das Verb *to do* kann ein Vollverb oder ein Hilfsverb sein. Bei Fragen und bei der Verneinung mit dem **Vollverb *to do*** brauchst du auch das **Hilfsverb *to do***.

Hast du gestern deine Hausaufgaben gemacht?	**Did** you **do** your homework yesterday? ~~Did you your homework yesterday?~~

Bei Fragen und bei der Verneinung mit dem Hilfsverb *to do* steht das **Vollverb in der Infinitivform**. Das -s in der dritten Person Singular kommt nur einmal vor – bei *does*.

Wohnt sie in London?	**Does** she **live** in London? ~~Does she lives in London?~~
Jack isst kein Fleisch.	Jack **doesn't eat** meat. ~~Jack doesn't eats meat.~~

Bei den Fragen gibt es eine Ausnahme. Wenn die Fragewörter *who* oder *what* das **Subjekt** eines Satzes sind, wird **keine** Form von *to do* benötigt.

Wer arbeitet in diesem Büro?	**Who works** in this office? (Jim works in this office.) ~~Who does work in this office?~~
Was hat die Schäden verursacht?	**What caused** the damage? (Storms caused the damage.) ~~What did cause the damage?~~

162

Fehler vermeiden 8

Adverbien (→ Kapitel 5)

Im Englischen gibt es anders als im Deutschen **unterschiedliche Formen** für **Adjektiv und Adverb**.

Sie war **wütend**.	She was **angry**.
Sie schrie **wütend**.	She shouted **angrily**.
	~~She shouted angry.~~

Bei der Bildung der **Adverbien** gibt es einige **Ausnahmen**, die du lernen musst.

Deine Schwester fährt sehr **gut**.	Your sister drives very **well**.
	~~Your sister drives very good.~~
Segeln ist **harte** Arbeit.	Sailing a boat is **hard** work.
Du musst **hart** arbeiten.	You must work **hard**.
	~~You must work hardly.~~ (hardly = "kaum")

Im Englischen können **Adverbien** zwischen Subjekt und Verb stehen, aber nicht **zwischen Verb und Objekt**. Im Deutschen ist dies möglich.

Wir **spielen manchmal** Tischtennis.	We **sometimes play** table tennis.
	~~We play sometimes table tennis.~~
Er **kauft immer** die billigsten Sachen.	He **always buys** the cheapest things.
	~~He buys always the cheapest things.~~

Präpositionen (→ Kapitel 5)

Es gibt englische Präpositionen, die in der Form deutschen Präpositionen **ähnlich** sind, **aber eine andere Bedeutung** haben.

Connie ist **bei** ihrer Tante.	Connie is **at** her aunt's (house).
	~~Connie is by her aunt.~~
Ich warte **seit** zehn Minuten.	I've been waiting **for** ten minutes.
	~~I've been waiting since ten minutes.~~
Ich warte **seit** halb acht.	I've been waiting **since** half past seven.
Habt ihr **über** mich geredet?	Did you talk **about** me?
	~~Did you talk over me?~~

Fehler vermeiden

Der Unfall wurde **von** einem Nachbarn gemeldet.	The accident was reported **by** a neighbour. ~~The accident was reported from a neighbour.~~

Die Brücke wurde **vor** 100 Jahren gebaut.	The bridge was built 100 years **ago**. ~~The bridge was built for 100 years.~~

Bei anderen Präpositionen hat man sich an eine bestimmte Übersetzung gewöhnt (zum Beispiel „auf" = *on*), aber sie stimmt nicht immer.

Kim traf Sam **auf** einer Party.	Kim met Sam **at** a party. ~~Kim met Sam on a party.~~
Die Frau hat das Mädchen **auf** dem Bild erkannt.	The woman recognized the girl **in** the picture. ~~The woman recognized the girl on the picture.~~

Sätze (→ Kapitel 6)

Im Englischen ist die **Wortstellung** in Haupt- und Nebensätzen immer **1. Subjekt, 2. Verb, 3. Objekt**. Im Deutschen steht das Verb in Hauptsätzen an zweiter Stelle, in Nebensätzen an letzter Stelle.

Jeden Freitag **geht Paul** ins Kino.	Every Friday **Paul goes** to the cinema. ~~Every Friday goes Paul to the cinema.~~
Wenn **Andy** nach Hause **kommt**, ist er müde.	When **Andy comes** home, he's tired. ~~When Andy home comes, is he tired.~~

Das Relativpronomen *who* bezieht sich nur auf **Personen**; *which* bezieht sich nur auf **Dinge**.

Das ist der Junge, **der** auf der Party war.	That's the boy **who** was at the party. ~~That's the boy which was at the party.~~
Das ist der Fernseher, **der** so viel Geld gekostet hat.	That's the TV **which** cost so much money. ~~That's the TV who cost so much money.~~

Fehler vermeiden

In englischen **Bedingungssätzen** sind die **Regeln für die Zeiten** anders als im Deutschen.

Wenn Don mich nicht einlädt, **kaufe ich** ihm kein Geschenk.	If Don doesn't invite me, I **won't buy** him a present. ~~If Don doesn't invite me, I don't buy him a present.~~
Wenn Sue mehr Sport triebe / treiben würde, **hätte sie** mehr Freunde.	If Sue did more sport, **she would have** more friends. ~~If Sue would do more sport, she had more friends.~~

Indirekte Fragen sind keine „echten" Fragen. Sie haben auch kein Fragezeichen am Satzende. Die **Wortstellung** bei indirekten Fragen ist **wie in Aussagesätzen**.

Sie fragten mich, wo Jason wohnte.	They asked me where **Jason lived**. ~~They asked me where did Jason live.~~

Die Zeiten (→ Kapitel 7)

Die **Verlaufsform** der Zeiten wird immer mit dem **Vollverb** und einer Form von **to be** gebildet. Im Deutschen gibt es diese Formen nicht. Mit dem Adverb **„gerade"** kannst du ausdrücken, dass etwas in dem Moment passiert oder passiert ist.

Er sieht **gerade** fern.	He**'s watching** TV. ~~He watching TV.~~
Sie tanzte **gerade**.	She **was dancing**. ~~She dancing.~~

Es gibt im Englischen mehrere **Zeitformen der Vergangenheit**. Die meisten – außer dem *simple past* und dem *past progressive* – bildest du mit dem Hilfsverb **to have** plus **Partizip Perfekt**. Im Deutschen ist das Hilfsverb entweder „haben" oder „sein".

Der Zug **war** schon **angekommen**.	The train **had** already **arrived**. ~~The train was already arrived.~~
Wir **hatten** es nicht **erwartet**.	We **hadn't expected** it.

Das *present perfect* bezieht sich oft auf einen Zeitraum **bis in die Gegenwart**. Im Deutschen verwendet man dafür das Präsens.

Ich **bin** seit drei Stunden in London. (= bis jetzt)	I**'ve been** in London for three hours. ~~I am in London for three hours.~~
Sie **lebt** seit zwei Jahren in Berlin. (= bis jetzt)	She **has been living** in Berlin for two years. ~~She lives in Berlin for two years.~~

8 Fehler vermeiden

Wenn **Kurzformen der Hilfsverben** verwendet werden, kann es leicht zu Verwechslungen kommen.

Nachdem er sich **hingesetzt hatte**, klingelte sein Handy.	After he**'d sat** down, his mobile rang. (= he **had** sat down)
Tom sagte, er **würde** auf die anderen **warten**.	Tom said he**'d wait** for the others. (= he w**ould** wait)

Sie **sitzt** dort drüben.	She**'s sitting** over there. (= She **is** sitting)
Sie **hat** ihr Geld **vergessen**.	She**'s forgotten** her money. (= She **has** forgotten)

Die Zeiten im Vergleich (→ Kapitel 7)

Mit dem *present progressive* beschreibst du Handlungen, die gerade ablaufen und noch nicht abgeschlossen sind. Im Deutschen wird nicht zwischen einfacher Form und Verlaufsform der Gegenwart unterschieden.
Merke dir, welche **Signalwörter** mit dem *present progressive* verwendet werden (*just now, at the moment, …*) und welche mit dem *simple present* (*often, every day, …*).

Hallo Tina! Ich rufe aus New York an. (= in diesem Moment)	Hello Tina! I**'m calling** from New York. ~~Hello Tina! I call from New York.~~

Das *simple past* benutzt du, um Handlungen in der Vergangenheit zu beschreiben, die **bereits abgeschlossen** sind. Im Deutschen benutzt du dafür oft das Perfekt.
Signalwörter für die Verwendung des *simple past* sind ***yesterday, last …, … ago***.

Craig **hat** gestern seine Prüfung **bestanden**.	Craig **passed** his exam yesterday. ~~Craig has passed his exam yesterday.~~

Im Englischen gibt es verschiedene Möglichkeiten, über **zukünftiges Geschehen** zu sprechen, je nachdem, ob es sich um eine Vorhersage, eine Absicht oder Ähnliches handelt. Das *simple present* wird dafür nur selten verwendet.
Im Deutschen benutzt du das Präsens häufig auch für zukünftiges Geschehen.

Ich **ruf** dich am Wochenende an.	I**'ll call** you at the weekend. ~~I call you at the weekend.~~
Leroy **bringt** seine Freundin morgen zur Party mit.	Leroy **is going to bring** his girlfriend to the party tomorrow. ~~Leroy brings his girlfriend to the party tomorrow.~~

8.1 Russisch und Englisch im Vergleich
Comparing Russian and English

Artikel

Im **Russischen** gibt es **keinen Artikel**. Im **Englischen** gibt es den **bestimmten** Artikel (*the*) und den **unbestimmten** Artikel (*a/an*).

В 10 часов Нина пьёт чашку чая.	At 10 o'clock Nina drinks a cup of tea. ~~At 10 o'clock Nina drinks cup of tea.~~

Satzstellung

Die **Satzstellung im Russischen** ist sehr **frei**. (Die vielen Endungen machen die Beziehungen zwischen den Satzteilen deutlich.) Die Satzstellung im **englischen** Aussagesatz ist immer **1. Subjekt, 2. Verb, 3. Objekt**.

Муху жрёт паук.	The spider eats the fly. ~~The fly (object) eats the spider (subject).~~

Frage

Im **Russischen** ist die **Satzstellung** dieselbe **wie im Aussagesatz**. Bei Fragen mit Fragewort steht dieses an erster Stelle. Im **Englischen** fangen **Entscheidungsfragen** immer mit einem **Hilfsverb** an. Bei **Fragen mit Fragewort** steht dieses **an erster Stelle**, vor dem Hilfsverb.

Ты это слышал?	Did you hear that? ~~You that heard?~~
Как ты это сделал?	How did you do that? ~~How you that did?~~

Verneinung

Auch bei der Verneinung brauchst du im **Englischen ein Hilfsverb** (Im Russischen nicht.)

Я тебя не понимаю.	I don't understand you. ~~I you not understand.~~

Im **Russischen** werden verneinende Wörter wie **никто**, **нигде** immer mit dem Wort **не kombiniert**. Im Englischen genügen Wörter wie *nobody, nowhere* allein, um die Verneinung auszudrücken.

Я его никогда не понимаю.	I never understand him. ~~I never not understand him.~~

8 Fehler vermeiden

Zeitformen: Gegenwart

Im **Russischen** gibt es **eine** Zeitform der Gegenwart; im **Englischen** gibt es **zwei**: einfache Gegenwart (*simple present*) und Verlaufsform (*present progressive*).

Он часто играет в футбол.	He often plays football.
Он сейчас играет в футбол.	He's playing football now.
	~~He plays football now.~~

Im **Russischen** wird das **Verb быть / есть** im Präsens oft nicht benutzt. Im **Englischen** darf das Verb *to be* **nicht wegfallen**.

| Михаил в школе. | Michael is at school. |
| | ~~Michael at school.~~ |

Zeitformen: Vergangenheit

Im **Russischen** gibt es **eine** Zeitform der Vergangenheit; im **Englischen** gibt es **mehrere**: *simple past, past progressive, present perfect, past perfect.*

Мы слушали вчера радио.	We listened to the radio yesterday.
Мы слушали радио, когда началась гроза.	We were listening to the radio when the thunderstorm started.
	~~We listened to the radio when the thunderstorm started.~~

Zeitformen: Zukunft

Im **Russischen** gibt es **eine** Zeitform der Zukunft; im **Englischen** gibt es **zwei**: *will-future* und *going-to future*.

| Завтра я напишу письмо моей сестре. | Tomorrow I'll write / I'm going to write a letter to my sister. |
| | ~~Tomorrow I write a letter to my sister.~~ |

8.2 Türkisch und Englisch im Vergleich
Comparing Turkish and English

Artikel

Im **Türkischen** gibt es **keinen Artikel**. Im Englischen gibt es den **bestimmten** Artikel (*the*) und den **unbestimmten** Artikel (*a/an*).

Nina saat onda mektup yazıyor.	At 10 o'clock Nina writes a letter. ~~At 10 o'clock Nina writes letter.~~

Satzstellung

Die Satzstellung im **Türkischen** ist **1. Subjekt**, **2. Objekt**, **3. Verb**. Die Satzstellung im **englischen** Aussagesatz ist immer **1. Subjekt**, **2. Verb**, **3. Objekt**.

Kedi fareyi yiyiyor.	The cat eats the mouse. ~~The cat the mouse eats.~~

Frage

Im **Türkischen** ist die Satzstellung in der Frage dieselbe **wie im Aussagesatz**. Bei Entscheidungsfragen ohne Fragewort wird hinter dem Verb lediglich, je nach Vokalharmonie, die Fragepartikel **mi, mı, mü** oder **mu** hinzugefügt. Sie werden immer vom vorangehenden Wort getrennt geschrieben. Bei Fragen mit Fragewort kann dieses, je nach Bezugswort, an **unterschiedlicher Stelle** stehen. Im **Englischen** fangen Entscheidungsfragen immer mit einem **Hilfsverb** an. Bei Fragen mit Fragewort steht dieses **an erster Stelle**, vor dem Hilfsverb.

Filmi gördün **mü**?	**Did** you see the film? ~~Film you seen?~~
Bunu **nasıl** yaptın?	**How** did you do that? ~~That how you did?~~

Verneinung

Im **Türkischen** wird die Verneinung im Verb selbst, je nach Vokalharmonie, durch die Endung **mi, mı, mü** oder **mu** ausgedrückt. Sie wird direkt an den **Verbstamm angehängt**.
Im **Englischen** brauchst du auch bei der Verneinung ein **Hilfsverb**.

Seni anla**mı**yorum.	I **don't** understand you. ~~You I not understand.~~

8 Fehler vermeiden

Zeitformen: Gegenwart

Im **Türkischen** gibt es **zwei** Zeitformen der Gegenwart: die einfache Form und den Aorist. Im **Englischen** gibt es ebenfalls **zwei**: einfache Gegenwart (*simple present*) und Verlaufsform (*present progressive*).

Şimdi futbol oynuyor.	He often plays football.
	~~Often football he plays.~~
Sık sık futbol oynar. (Aorist)	He's playing football now.
	~~Now football he's playing.~~

Im **Türkischen** wird das Verb **„sein" nicht aktiv benutzt**. Es wird in vielen Fällen nur durch Personalendungen ausgedrückt. Im **Englischen darf** das Verb *to be* **nicht wegfallen**.

Ben okul**dayım**.	I am at school.
	~~I at school am.~~
Michael okul**da**.	Michael is at school.
	~~Michael at school.~~
Siz okul**dasınız**.	You are at school.
	~~You at school are.~~

Zeitformen: Vergangenheit

Im **Türkischen** gibt es **zwei** Zeitformen der Vergangenheit: die bestimmte und die unbestimmte (= Erzählform). Im **Englischen** gibt **vier**: *simple past, past progressive, present perfect, past perfect*.

Dün radyo dinledik.	We listened to the radio yesterday.
	~~Yesterday to the radio we listened.~~
Dün arkadaşına gitmiş. (Erzählform)	They say he went to see his friend yesterday.
	~~Yesterday to his friend they say he went to see.~~

Zeitformen: Zukunft

Im **Türkischen** gibt es **eine** Zeitform der Zukunft. In Verbindung mit einer Zeitaussage (morgen, nächste Woche etc.) kann man mit dem **Aorist** allerdings auch Aussagen über die Zukunft machen. Im **Englischen** gibt es **zwei**: *will-future* und *going-to future*.

Yarın ablama mektup yazacağım.	Tomorrow I'll write. / I'm going to write a letter to my sister.
Yarın ablama mektup yazarım. (Aorist)	~~Tomorrow I write a letter to my sister.~~

Lösungen zu *Test yourself*
Solutions for Test yourself

Kapitel 2
Nomen, Pronomen und Begleiter

2.1
1. a. hobbies; b. wives; c. wishes; d. boys; e. teeth

2.2
1. a. They're; b. are; c. advice; d. was; e. it isn't

2.3
1. a. the edge of the village; b. Michael's car; c. the end of the party; d. the girl's address; e. the name of that magazine

2.4
1. her, she, you, them, we, it

2.5
1. a. himself; b. ourselves; c. themselves; d. yourself; e. myself

Kapitel 3
Adjektive, Mengen und Zahlen

3.1
1. a. stormy; b. homeless; c. tired; d. stupid; e. calm, loud

3.2
1. a. more exciting; b. strongest; c. more interesting; d. crazier; e. best

3.3
1. a. any; b. some; c. some; d. any; e. any

3.6
a. quarter past four; b. twenty-two minutes past four; c. half past four; d. nine minutes past four; e. ten to five

Kapitel 4 Verben

4.8
1. a. sent; b. bought; c. paid; d. drank; e. decided
2. a. has left; b. wasn't; c. have won; d. took; e. think

Kapitel 5
Satzformen, Adverbien und Präpositionen

5.1
1. a. Caroline often visits her friends in Florida. b. In summer they spend most of their time on the beach. c. Caroline will never forget her first trip to Miami. d. Every year many tourists visit Disneyland in Orlando. e. But Caroline has never had time to go there.

5.2
1. a. her son Jack a trip to Disneyland / a trip to Disneyland to her son Jack; b. him a great vacation / a great vacation to him; c. all his friends photos / photos to all his friends; d. his adventures to them; e. anybody his Mickey Mouse souvenirs / his Mickey Mouse souvenirs to anybody

5.3
1. a. Der Chef möchte, dass du diese E-Mails abschickst. b. Mr Jones ließ Tim das Auto fahren. c. Jenny sah, wie das Mädchen ein Fläschen Parfüm nahm. d. My parents want me to learn French. e. I heard someone open the door. f. What made him give up his job?

5.4
1. a. Sandra had to go to the doctor's, but she didn't have to wait long. b. Would you / Could you help me, please? c. We weren't allowed to bring our friends. d. Perhaps my parents could lend / would be able to lend me some money.

5.6
1. a. are injured; b. were called; c. will be closed; d. are protected; e. has not been found

5.8
1. a. I did. b. they weren't. c. he doesn't. d. he would. e. it hasn't.

5.9
1. a. Where does Charlotte live? b. How many languages does she speak? c. Who told her about the competition? d. What has Charlotte won? e. When will she get her prize?

5.10
1. a. 4); b. 2); c. 5); d. 1); e. 3)

5.13
1. a. early; b. regularly; c. well; d. enthusiastically; e. cheerfully

5.14
1. a. more clearly; b. best; c. beautifully; d. earlier; e. faster

5.16
1. a. We aren't usually late … b. School students often use computers … c. Lucy can never remember … d. Yesterday we had a sports competition … / … for the whole school yesterday. e. We can't play football outside today. / Today we can't play football outside.

5.17
1. a. on; b. on; c. at; d. for; e. to

5.18
1. a. 5); b. 3); c. 4); d. 1); e. 2)

Kapitel 6 Sätze und Satzverbindungen

6.1
1. a. so; b. if; c. but; d. after; e. because

6.2
1. a. which; b. whose; c. who; d. which; e. who; f. which

6.4
1. a. built; b. produced; c. seen; d. learning; e. wishing

6.5
1. a. … that she was learning to play the guitar. b. … Kevin had sold her his old guitar. c. … he played in a band. d. … if I had ever heard Kevin's band. e. … they would be famous one day.

Kapitel 7 Zeiten

7.2
1. a. are you still doing; b. I'm trying; c. aren't they sitting; d. is hiding

7.3
1. a. Matt didn't live in England. b. In summer he often played tennis. c. Where did he work last year? d. Why did he go to Australia? e. He didn't stay there very long.

7.4
1. a. was washing; b. was still trying; c. wasn't working; d. Were you doing; e. was just thinking

7.5
1. a. has been; b. has already worked; c. has not yet made; d. have just asked; e. Have you ever played

7.6
1. a. You've been sitting at the computer for three hours. b. How long has Jake been living in Bristol? c. The neighbours haven't been visiting us so often lately. d. Have you been using my trainers? e. For some time we've been writing a blog about our band.

7.9
1. a. I'm going to go to Carla's party on Friday. b. Are you going to wear / put on your new jeans? c. Yes. / Yes, I am. We're going to give Carla a DVD. d. Is she going to invite her brother? e. Maybe. But I'm not going to talk to him.

7.12
1. a. Is Ken doing; b. never sits; c. aren't you playing; d. It's raining; e. always goes, gets
2. a. Brenda isn't here. She's walking the dog in the park. b. The dog always runs away with the children's toys. c. But he comes back when there's something to eat. d. Listen! Brenda is opening the door. e. She never stays outside very long.

7.13
1. a. formed; b. have just finished; c. went; d. met, performed; e. has spent

7.14
1. a. I'm going to try out; b. will be; c. I'll show; d. I'm going to take; e. he'll learn

7.15
1. a. switched off, went; b. was shining, were playing; c. was walking, noticed; d. decided; e. was still looking, arrived

7.16
1. a. had earned, bought; b. had never gone; c. arrived, had already started; d. sat down, had taken; e. felt